DERECHOS Y TECNOLOGÍAS

Colección
Derechos Humanos y Filosofía del Derecho

La colección "Derechos Humanos y Filosofía del Derecho" constituye un espacio en el que se publican trabajos enmarcados en el ámbito de la aproximación iusfilosófica al Derecho y de la consideración de los derechos como elemento central de la teoría de la justicia y de la cultura del constitucionalismo contemporáneo. Pretende constituirse en un espacio en el que concurra la diversidad de enfoques posibilitado por los espacios compartidos por la Filosofía del Derecho, la Filosofía política y la Filosofía moral.

RAFAEL DE ASÍS

DERECHOS Y TECNOLOGÍAS

Dykinson, S.L.

uc3m | Universidad Carlos III de Madrid

DEPARTAMENTO DE DERECHO
INTERNACIONAL PÚBLICO, ECLESIÁSTICO
Y FILOSOFÍA DEL DERECHO

COLECCIÓN
DERECHOS HUMANOS Y FILOSOFÍA DEL DERECHO

Fco. Javier Ansuátegui
(Director)

Los trabajos publicados han superado un proceso de evaluación anónimo llevado a cabo por especialistas nacionales e internacionales en la materia.

Los manuscritos deberán enviarse a la dirección info@dykinson.com en un documento anónimo en el que no se incluyan datos o informaciones que permitan conocer la identidad del autor. En otro documento se incluirán los datos personales y un cv del autor.

Puede consultar las instrucciones para los autores en: www.editorialdykinson.com/colecciondererechoshumanosyfilosofiadelderecho.com

Editorial DYKINSON, S. L. Meléndez Valdés, 61-28015 Madrid
Teléfonos (+34) 915 44 28 46 – (+34) 915 44 28 69
E-mail: info@dykinson.com
http://www.dykinson.es
http://www.dykinson.com

ISBN: 978-84-1122-166-5
Depósito Legal: M-6649-2022

Preimpresión e Impresión:
SAFEKAT, S.L.
www.safekat.com

A Concepción Roig

A Antonio Pulido

ÍNDICE

INTRODUCCIÓN

Es posible afirmar que asistimos a una nueva Revolución industrial que nos plantea grandes oportunidades y retos. Como ha destacado Tomás de la Quadra-Salcedo, «el mundo digital, al margen de los beneficios que aporta, implica alteraciones muy notables en la personalidad, actividad y responsabilidad de las personas. Afecta también al tipo de sociedad que conocemos y a la idea de igualdad de sus integrantes. Les expone también a riesgos que hay que valorar y que demandan una nueva regulación. Regulación que abre un lapso temporal para que los ciudadanos vayan percatándose de los riesgos y oportunidades, completamente nuevos, a que nos enfrentamos como humanidad»[1].

La rapidez con la que avanza la ciencia y la tecnología, y su posible incidencia en la sociedad, nos obliga a reflexionar sobre qué rumbo queremos dar al progreso tecnológico. Porque por mucho que pueda pensarse que la tecnología en sí misma es neutra, sus aplicaciones y direcciones no lo son, como bien se han encargado de recordarnos los llamados *Critical Data Studies*[2].

---

[1] , Quadra-Salcedo, T., «Retos, riesgos y oportunidades de la sociedad digital», en AA.VV., *Sociedad Digital y Derecho*, BOE, Madrid, 2018, p. 31.

[2] Vid. Pirosa, R., «I dilemmi della tecnoregolazione: uno sguardo critico», en Casadei, Th. y Pietropaoli, S., *Diritto e Tecnologie Informatiche*, Wolters Kluwer, Milan, 2021, pp. 281 y ss.

Como sociedad, esta Revolución llega en una situación en la que, normativamente, estamos mejor situados que las anteriores. Contamos con derechos en nuestras constituciones y en tratados y acuerdos internacionales. Sin embargo, también es cierto que esta Revolución ha llegado en un momento en el que el discurso de los derechos humanos estaba sufriendo una cierta crisis espoleada por la involución producida en dos de sus principales instrumentos jurídicos de garantía: el Derecho penal y el Derecho internacional.

La época de la modernidad líquida, utilizando la terminología de Zygmunt Bauman, en la que nada permanece, todo es fugaz, incompleto, indefinido, ha coincidido con un época de cuestionamiento de valores e incluso, apoyándonos de nuevo en Bauman, de cierto adiaforismo[3]. La neutralización y banalización de lo éticamente incorrecto, a la que se refirió Hanna Arendt[4], no creo que sirva para caracterizar a nuestras sociedades pero si que está presente en ellas.

Además, la situación de pobreza y de insatisfacción de derechos humanos básicos también es una constante de los tiempos que vivimos. En España en 2019, los niveles de pobreza y exclusión afectaban a más de un cuarto de la población, siendo uno de los países europeos con mayor tasa de pobreza severa. Según datos de la Encuesta de Condiciones de Vida, en el año 2019 casi la mitad de la población (49,3%) declaraba tener dificultad para llegar a fin de mes y más de una de cada tres personas (33,9%) no tenía capacidad para enfrentar gastos imprevistos. Y los números empeoraban en relación con las personas en situación de vulnerabilidad. El 11 Informe «El estado de la pobreza. Seguimiento del indicador de pobreza y exclusión social en España 2008-2020», elaborado por la Red Europea de Lucha contra la Pobreza y la Exclusión Social en el Estado Español

[3] Bauman, Z. y Donskis, L., *Ceguera moral. La pérdida de sensibilidad en la modernidad líquida*, Paidós, Barcelona, 2015.

[4] Arendt, H., *Eichmann en Jerusalén: Un estudio sobre la banalidad del mal*, Lumen, 2012.

(EAPN-ES) confirma esta situación. Según el informe, en el año 2020, un total de 12,5 millones de personas, es decir, el 26,4% de la población española, estaban en Riesgo de Pobreza y/o Exclusión Social. Unos 3,3 millones de personas que constituyen el 7% de la población española vivían con privación material severa (incluye a aquellas personas que viven en hogares que no pueden afrontar cuatro o más conceptos, ítems o elementos de consumo, de un total de nueve considerados básicos en el territorio europeo). El 9,5% de la población, unos 4,5 millones de personas, vivían en pobreza severa y el 45,2% de la población con alguna clase de dificultad para llegar a fin de mes.

Ciertamente, un espacio para la esperanza está constituido por la Agenda 2030 y los Objetivos de Desarrollo Sostenible. Un programa mundial aprobado en 2015 y firmado por 193 Estados, destinado a luchar contra la pobreza, la desigualdad, el agotamiento de los recursos naturales, el cambio climático... Sin embargo, en 2020, el mundo no estaba en camino de cumplir los ODS y la situación ha empeorado con la llegada de la pandemia.

La Covid-19, además de las muertes, ha provocado, que entre 119 y 124 millones de personas en el mundo volvieran a la pobreza y al hambre crónica; que se perdiera el equivalente a 255 millones de empleos a tiempo completo; que millones de niños se enfrenten a la pobreza, ya sea porque sus familiares han enfermado o porque no pueden trabajar...

La pandemia ha puesto aún más en tensión el discurso de los derechos. El consenso del que habló Bobbio[5] sobre su fundamentación dista todavía mucho de alcanzarse. Y la satisfacción de las pretensiones y necesidades que estos protegen ha disminuido de manera drástica.

Si en 2019 podíamos hablar de una situación crucial para el discurso de los derechos, en 2021 asistimos a una situación aún más dramática. La gestión política de la pandemia y de sus consecuencias plantea retos de gran calado a los sistemas cons-

---

[5] Bobbio, N.,»Sobre el fundamentos de los derechos del hombre», en *El tiempo de los derechos*, Sistema, Madrid, 1991, p. 61.

titucionales pero poseen una proyección que va mucho más allá y alcanza a las Naciones Unidas.

Consciente de ello Naciones Unidas ha sumado a la Década de Acción para alcanzar los Objetivos de Desarrollo Sostenible un llamamiento para la revitalización de los derechos humanos con el objetivo de situar a los derechos en el centro de los esfuerzos de recuperación y reconstrucción. Por su parte, el Foro Económico Mundial ha lanzado la propuesta conocida como «El Gran Reinicio» que pretende transformar el modelo económico tras la pandemia, reconstruyendo la economía mundial de forma sostenible. Una propuesta que cuestiona algunos de los referentes filosóficos y económicos de nuestros sistemas[6].

Vivimos una época emocionante en la que nos vemos obligados a repensar nuestro papel en la sociedad y qué tipo de sociedad queremos. Se nos plantea un nuevo escenario en el que, como ha señalado Javier Ansuátegui, vamos a tener que revisar conceptos y esquemas que han jugado un papel paradigmático en la teoría política y jurídica moderna[7]. Todo ello en un mundo complejo que exige respuestas complejas[8] y no, como estamos acostumbrados, mensajes simples y radicales[9].

Los estudiosos de los derechos humanos no podemos permanecer de espaldas a todo este fenómeno. Y subrayo esto porque, aunque existen equipos y centros que están estudiando la incidencia de la tecnología en los derechos y el papel de estos en su regulación, se trata de iniciativas minoritarias. Muchos investigadores de los derechos humanos consideran que no les

---

[6] Piketty, Th., *Capital e ideología*, trad. de D. Fuentes, Deusto, Barcelona 2019; Bregman, R., *Dignos de ser humanos,* trad. de G. Fernández, Anagrama, Barcelona, 2021.

[7] Ansuátegui Roig, F.J., «Nuove Tecnologie e Spazio Pubblico», en Salardi, S. y Saporiti, M. (eds.), *Le tecnologie 'morali' emergenti e le sfide etico-giuridiche delle nuove soggettività*, Giappichelli, Torino 2020, p. 34.

[8] Innerarity, D., *Una teoría de la democracia compleja*, Galaxia Gutenbreg, Barcelona, 2020.

[9] Applebaum, A., *El Ocaso de la Democracia. La Seducción del Autoritarismo*, Debate, Madrid, 2021.

corresponde estudiar esta Revolución, ya que hay temas más importantes, como el de la pobreza o el hambre, sin darse cuenta de que seguramente estos problemas van a ser abordados desde políticas tecnológicas; sin darse cuenta de que uno de nuestros principales retos consiste en convencer sobre la necesidad de que estas políticas tecnológicas, que ya dirigen buena parte de nuestras sociedades, estén regidas por los derechos humanos.

Este libro recoge cinco trabajos sobre derechos y tecnologías. Una primera versión de uno de los trabajos, «Robótica, Inteligencia Artificial y Derecho» fue publicada en 2018 en la *Revista de Privacidad y Derecho Digital, n. 10*. El resto de trabajos o no han sido publicados o, en su caso, aparecieron primeras versiones en colecciones de working papers como los *Materiales de Filosofía del Derecho*, del Seminario Gregorio Peces-Barba, o los *Papeles El Tiempo de los Derechos*, de la Red El Tiempo de los Derechos.

Tres son las ideas que están presentes en estos trabajos. Por un lado la necesidad de afrontar la reflexión sobre cómo regular la revolución tecnológica tomando como referencia a los derechos humanos. Por otro lado, la necesidad de reconocer nuevos derechos surgidos al hilo de los retos que esta revolución plantea al desarrollo de una vida humana digna. Por último, la exigencia de que todo ello se realice prestando una especial atención a aquellas personas que se encuentran en situación de vulnerabilidad.

En *Derechos y Tecnologías*, están presentes los cuatro temas que constituyen mis líneas de investigación actuales: la repercusión de las tecnologías en los derechos, la argumentación jurídica, los derechos de las personas con discapacidad y los derechos en el deporte.

Los trabajos, elaborados principalmente entre 2020 y 2021 (a excepción de la primera versión de «Robótica, Inteligencia Artificial y Derecho»), se han realizado en el marco de Dertecnia, un lugar de encuentro creado hace unos años en la Universidad Carlos III de Madrid, cuyo origen está en otro pequeño espacio, Dercyte, que puse en marcha con mi añorado amigo Javier Romañach; que sigue su rumbo gracias al trabajo de

Migle Laukyte, Javier Ansuátegui, Pilar Zapatero y la incorporación reciente de Francisco Bariffi. Buena parte de la investigación se ha hecho en tiempo de pandemia, lo que sin duda ha condicionado el trabajo. El empuje final se ha visto facilitado por el confinamiento que he tenido que pasar durante todas las navidades de 2021 a causa de la COVID-19.

Tengo que dar las gracias, además de a los miembros de Dertecnia, a los investigadores e investigadoras con los que comparto mi vida universitaria (principalmente en el Instituto de Derechos Humanos Gregorio Peces-Barba): Angel Llamas, María del Carmen Barranco, Miguel Ángel Ramiro, Javier Dorado, Carlos Lema, Ignacio Campoy, Óscar Pérez de la Fuente, Patricia Cuenca, Silvina Ribotta, Vanesa Morente, Alberto Iglesias, Irene Vicente y Mari Mar Rojas. Y como no a mi familia, Maite, Miguel, Marta, Jorge y Pablo.

El libro se ha realizado en el ámbito dos proyectos de investigación: el Proyecto 'Nuevos desafíos del derecho' Acción financiada por la Comunidad de Madrid a través de la línea de «Excelencia del Profesorado Universitario» del Convenio Plurianual con la UC3M (EPUC3M06), en el marco del V PRICIT; y el Proyecto sobre Acceso a la Justicia y Vulnerabilidad financiado por la Agencia Estatal de Investigación (Proyecto PID2019-108918GB-I00 MCIN/AEI/10.13039/501100011033).

Durante el tiempo que he tardado en escribir estos estudios he sufrido la muerte de dos personas muy importantes en mi vida a quienes sigo echando mucho de menos. Por un lado mi suegro, Antonio Pulido, fallecido en octubre de 2019, a quien seguro que le hubiera encantado discutir conmigo alguna de las cuestiones tratadas en el libro, y por otro mi madre, Concepción Roig, que falleció en septiembre de 2021, que vivió la Universidad prácticamente desde siempre y que ha estado cerca toda mi vida. No se si el dolor por su ausencia disminuirá en algún momento. Este libro está dedicado a ambas.

Rafael de Asís
Molino de la Hoz
Enero de 2022

DERECHO(S) Y TECNOLOGÍAS CONVERGENTES

1. SOBRE LAS TECNOLOGÍAS CONVERGENTES

Vivimos unos tiempos en los que todos los días nos levantemos con noticias que nos sorprenden o con predicciones que nos descolocan. No hace mucho leíamos que un conjunto de científicos habían creado quimeras de mono y humano en China; que una empresa estaba desarrollando un proyecto por el que pretendía crear mamuts; que Microsoft había patentando un sistema de minería de criptomonedas utilizando datos de actividad corporal; que Zuckerberg estaba ultimando una piel robótica para «sentir» en el metaverso. En febrero de 2017, Elon Musk, en una conferencia en Dubai, señaló que: «o los humanos nos transformamos en organismos cibernéticos o nos convertiremos en simples mascotas de la inteligencia artificial». Veinte años antes, Raimond Kurzweil, en *La era de las máquinas espirituales*[10], lanzó la predicción de que antes de 2050, implantes cerebrales conectarían nuestro cerebro directamente a la red, y nos proporcionarían funciones «extra» para

[10] Publicado por Planeta, 1999.

el ser humano. Hoy en día, conocemos aplicaciones neurotecnológicas que conectan el cerebro a un ordenador...

La conexión del humano con la máquina, representada a través del concepto ciborg[11], es hoy una realidad que nos acompaña. «Ahora todos somos ciborg» es el título de la conocida conferencia de la antropóloga Amber Case y, se corresponde de alguna manera con lo que en 2014 afirmó el Tribunal Supremo de los Estados Unidos en el caso Riley vs California, al señalar que el móvil formaba parte ya de la anatomía humana. La conexión humano-máquina se desarrolla buscando la perfección o, al menos luchando contra la imperfección humana (así es como se presenta la empresa BionX Medical Technologies del Premio Príncipe de Asturias, Hugh Herr). Buscando un modelo humano que de alguna manera se corresponde con esa especie anunciada por el Dataismo, el Homo Deus, paso necesario a realizar por el Homo Sapiens si no quiere desaparecer, según Harari[12].

Seguramente las tecnologías que más influencia han tenido en los últimos años sobre nuestra forma de vida sean las tecnologías de la información (TIC). Como es sabido, éstas tienen su primer gran impulso en la década de 1936 a 1946[13]. Después de la Segunda Guerra Mundial con el desarrollo de los ordenadores electrónicos, de la industria y su comercio es cuando puede hablarse propiamente de la tecnología de la información. Internet nace en 1983 cuando distintas redes informáticas con la misma tecnología se unen creando la llamada red de redes; con su comercialización se produjo el comienzo de una nueva era de la informática. Se ha hablado así de civilización cibernética y de un nuevo paradigma científico: «Desde el último tercio del

---

11 Vid. De Asís, R., «Desafíos éticos de los ciborgs», en *Universitas, 30,* 2019, pp. 1 y ss.

12 Harari, Y.H., *Homo Deus. Breve Historia del Mañana*, Penguin Random House Grupo Editorial España, 2016.

13 Vid. Bishop, P., *Computadores de la 5ª generación,* trad. de T. Hurtado Merelo, Paraninfo, Madrid, 1989, p. 14.

siglo pasado se produce un cambio de paradigma que afecta a todos los aspectos de la sociedad postindustrial. En la sociedad de la información o sociedad informatizada, la obtención y el tratamiento de la información se convierten en las fuentes fundamentales de productividad y poder» [14].

Estos retos dieron lugar a un campo ético bautizado, en un primer momento, con el nombre de la ética de la computación y, con posterioridad, con los de ciberética, ética de la red y ética de la información[15]. Entre los asuntos de los que se ocupa esta proyección de la ética se encuentran la privacidad, la desigualdad en el acceso a la información y a la tecnología (brecha digital), el control y la propiedad de los contenidos, el respeto a la diversidad, el gobierno de la red, el terrorismo en la red, la protección de datos, etc...[16].

Pero los problemas éticos se multiplican con el uso de otras tecnologías provenientes de diferentes campos. Hoy en día, a la Física, la Biología, la Genética o la Informática, se han unido la Nanotecnología, la Biotecnología, la Ciencia Cognitiva, la Inteligencia Artificial o la Robótica.

La unión de todas estas ciencias y tecnologías es lo que se conoce como tecnologías convergentes. Su uso ha venido acompañado de grandes promesas[17] si bien, hasta la fecha, se compagina con situaciones de graves violaciones de derechos[18].

---

[14] Garriga, A., «El impacto de las TIC en los derechos humanos», en Garriga, A. (coord.), *Fundamentos éticos y jurídicos de las TIC*, Thomson Reuters Aranzadi, Pamplona, 2012, pp. 70 y 71.

[15] Vid. Perez-Luño, A.E., *La tercera generación de los derechos humanos*, Thonsom-Aranzadi, Navarra, 2006, pp. 121 y ss.

[16] Vid. Perez-Luño, A.E., *La tercera generación de derechos humanos*, cit., p. 93.

[17] Bond, P. y otros., «Theme A Summary», en M. Roco and W. Bainbridge (eds.), *Converging Technologies for Improving Human Performance: Nanotechnology, Biotechnology, Information, Technology and Cognitive Science*, Springer Science, Dordrecht 2003, p. 3.

[18] Pogge, Th., La pobreza en el mundo y los derechos humanos, trad. de E. Weikert, Paidos, Barcelona, 2005, p. 15.

En este trabajo, al hilo de la exposición de algunos de los retos que nos plantean las tecnologías convergentes [19], daré cuenta de la aparición de un discurso caracterizado por la demanda de nuevos derechos cuya fuerza y singularidad conviene analizar. En este sentido me centraré en cuatro de las tecnologías convergentes, en concreto en la Genética, la Inteligencia artificial, la Neurotecnología y la Robótica, para luego señalar la aparición de ese nuevo discurso referido a los derechos.

2. CUATRO TECNOLOGÍAS CONVERGENTES

El análisis de los retos que presenta el uso de estas tecnologías afecta claramente a los tres grandes temas de la filosofía del Derecho descritos por Norberto Bobbio y lo convierten en un tema nuclear de ésta. En efecto, como es sabido, para el profesor italiano, los tres temas de la filosofía del Derecho eran la Teoría del Derecho, esto es la cuestión del concepto y características del Derecho; la Teoría de la Justicia, esto es la cuestión de las relaciones entre el Derecho y la Justicia; y la Teoría de la Ciencia Jurídica, esto es la cuestión del método jurídico [20]. Pues bien, como decía, las tecnologías convergentes inciden en estos tres temas. Así por ejemplo, se proyectan claramente en el método jurídico y en la configuración de los servicios jurídicos [21], pero también en la satisfacción de los derechos e, igualmente en la configuración del significado y las funciones del Derecho. Incluso, como veremos, han servido para defender la aparición de nuevas ramas jurídicas.

---

[19] Vid. Campione, R., «A vueltas con el transhumanismo: cuestiones de futuro imperfecto», en *Cuadernos Electrónicos de Filosofía del Derecho, n. 40,* 2019, pp. 45 y ss.

[20] Bobbio, N., «Naturaleza y función de la Filosofía del Derecho», en Bobbio, N., Contribución a la Teoría del Derecho, trad. de A. Ruiz Miguel, Debate, Madrid, 1990, pp. 91 y ss.

[21] Solar Cayón, J.I., *La Inteligencia Artificial Jurídica. El impacto de la innovación tecnológica en la práctica del Derecho y el mercado de servicios jurídicos,* Aranzadi, Pamplona, 2019.

En los últimos años, la discusión sobre los retos que plantean las tecnologías convergentes, ha crecido significativamente. En este sentido es común aludir a problemas relacionados con la igualdad y no discriminación, la autonomía, la responsabilidad, la privacidad e intimidad o la identidad personal.

La cuestión de la igualdad y la no discriminación posee dos proyecciones diferentes aunque estrechamente relacionadas. La primera guarda relación con la garantía de asegurar un acceso universal a las nuevas tecnologías (y en ella adquiere una importancia singular la reflexión sobre el alcance de las patentes), mientras que la segunda llama la atención sobre la posibilidad de que el uso de las nuevas tecnologías sirva para acrecentar las diferencias de poder, capacidad y bienestar de los seres humanos.

Como es sabido, la autonomía constituye uno de los grandes referentes de la ética moderna. Se trata de un principio que, en lo que aquí respecta, posee al menos dos proyecciones: por un lado, la libertad de investigación o de la ciencia, y por otro, la posibilidad de decisión y el consentimiento de los agentes morales. En el desarrollo y la aplicación de todas y cada una de estas tecnologías nos podemos encontrar con situaciones en donde este principio esté en juego. Y algo similar ocurre con la privacidad/intimidad o con la identidad humana...

En el campo jurídico, probablemente la cuestión de la responsabilidad y la de la intimidad sean las más tratadas. En relación con esta última se ha llegado a afirmar que ya no existe[22].

Pero como vamos a ir viendo en este libro, tal vez sea la cuestión de la identidad, humana y personal, el problema central de la discusión filosófica.

---

22 Revenga, M.,«El derecho a la intimidad: un derecho en demolición (y necesitado de reconstrucción)», *El derecho a la privacidad en un nuevo entorno tecnológico.* XX Jornadas de la Asociación de Letrados del Tribunal Constitucional, Centro de Estudios Políticos y Constitucionales, Madrid, 2016, p. 71.

2.1. UNA CUESTIÓN COMÚN: EL PROBLEMA DE LA IDENTIDAD

La cuestión de la identidad está en el origen de dos grandes corrientes con las que se suele representar el debate filosófico en torno a la revolución tecnológica, la bioconservadora y la transhumanista[23]. Dos corrientes que presentan en su interior una importante diversidad, pero que manejan dos visiones diferentes del papel de la tecnología en el ámbito individual y social.

Como vamos a ir viendo, es común afirmar que la identidad personal y la identidad humana pueden ser puestas en peligro por las tecnologías convergentes y, de manera especial, por las neurotecnologías. En todo caso, desde una perspectiva de derechos humanos, me parece que tiene más sentido referirse a la afectación de la identidad personal que a la afectación de la identidad humana, al menos a la hora de establecer sistemas de protección.

El Diccionario de la Real Academia de la Lengua Española ofrece dos acepciones de la identidad personal que nos interesan en este trabajo: a) conjunto de rasgos propios de un individuo o de una colectividad que los caracterizan frente a los demás; b) conciencia que una persona o colectividad tiene de ser ella misma y distinta a las demás.

La primera acepción se refiere a unos rasgos propios. Pero, ¿cuáles son los rasgos propios de un individuo? A lo largo de la historia de la humanidad se ha discutido mucho sobre cuales son esos rasgos[24]. Se habla en este sentido de rasgos biológicos, neurológicos, físicos…, y a esto lo llamamos condición personal. Pero la identidad personal también se ve afectada por el contexto, esto es, tiene que ver con la situación personal.

---

[23] Vid. Llano Alonso, F., *Homo Excelsior. Los Límites Ético Jurídicos del Transhumanismo*, Tirant Lo Blanch, 2018.

[24] Vid. Marzocco, V., «Vita e norte digitali. Il corpo elettronico e la sua tutela giuridica», en Casadei, Th. y Pietropaoli, S., *Diritto e tecnologie informatiche*, Wolters Kluwer, Milán, 2021, pp. 265 y ss.

La segunda acepción habla de autoconciencia, de la conciencia de uno mismo. Se trata de uno de esos rasgos propios a los que se refería la primera acepción, si bien posee una dimensión más universal (algo que tiene que ver con todas las personas). La autoconciencia implica conocimiento y éste, ejercicio de facultades intelectuales (percepción, voluntad, imaginación, memoria, intuición, razón) y por eso resulta del funcionamiento de esos rasgos y de los órganos que los soportan.

Ahora bien, la identidad personal la relacionamos también con el plan de vida o el proyecto vital de una persona (la libertad moral). Una dimensión que implica el ejercicio de los rasgos propios antes señalados y que presupone el libre albedrío (libertad de elección o libertad psicológica), rasgo humano universal, que se entiende como potencialidad[25].

De esta manera, la identidad personal se expresa en forma de condición personal (percepción, voluntad, imaginación, memoria, intuición, razón y los órganos en los que se soportan) y situación personal (contexto). Y además, presupone el libre albedrío, la autoconciencia y el plan de vida.

Las identidades personales son diversas y varían. Por un lado, los rasgos que acompañan a la condición personal pueden ser distintos y algunos de ellos no estar presentes en todos los seres humanos; por otro lado, los planes de vida que expresan el lugar que cada persona quiere y puede ocupar en la historia, también son diferentes. Precisamente en esto radica la singularidad de cada persona. Por eso, «la identidad se configura como el derecho a ser uno mismo y diferente de los demás»[26].

La identidad personal presupone una idea de identidad humana, que es una suerte de universalización de las identidades personales: aquello que es común a todas ellas y que nos

---

[25] Peces-Barba, G., «Sobre el fundamento de los derechos humanos. Un problema de Moral y de Derecho», en Muguerza, J., y otros., *El fundamento de los derechos humanos*, Debate, Madrid, 1989, p. 271.

[26] Piñar Mañas, J.L., «Identidad y personas en la sociedad digital», en AA.VV., *Sociedad digital y Derecho*, BOE, Madrid, 2018, p. 96.

identifica como seres humanos. Ahora bien, las referencias a la identidad humana normalmente dejan a un lado la dimensión de la situación, del contexto, porque no es universalizable. Por eso se construye como condición humana (desde la universalización de los rasgos de la condición personal), libre albedrío, autoconciencia y plan de vida (si bien este último en un sentido abstracto y formal, esto es, sin contenido alguno). Y por eso también, su uso es problemático ante la diversidad de lo humano.

En cualquier caso, identidad humana e identidad personal han sido muy importantes en la construcción de los derechos humanos[27] (en realidad del Derecho contemporáneo) al estar en ellas basadas nociones tan relevantes como la personalidad y la capacidad. La idea de dignidad humana, utilizada como fundamento de los derechos, está soportada en una idea de identidad humana, y se satisface cuando es posible hablar de una vida humana digna (cuando existe el libre desarrollo de la personalidad o cuando se permite avanzar hacia el logro de planes de vida), esto es, cuando se respeta identidad personal[28]. Por eso, aunque todo el discurso de los derechos presuponga una idea de identidad humana, los derechos están al servicio de la identidad personal.

Esa identidad personal, que no suele estar reconocida de manera expresa como derecho por los Ordenamientos jurídicos[29], es protegida precisamente a través de todos los derechos

[27] Y es que, como ha señalado J.L. Piñar Mañas, «en gran medida la historia ha oscilado entre los intentos del poder por controlar, definir y tergiversar la identidad de las personas y la lucha del ser humano por alcanzar la propia identidad». Piñar Mañas, J.L., «Identidad y personas en la sociedad digital», cit., p. 98.

[28] Nuestro Tribunal Supremo ha relacionado el reconocimiento de la propia identidad con el libre desarrollo de la personalidad (Sentencia de la Sala 1.ª, de 28 de febrero de 2008).

[29] La Constitución portuguesa de 1976 si que lo hace expresamente en su artículo 26.1: «Todos tienen el derecho a la identidad personal, al desarrollo de su personalidad, a la capacidad civil, a la ciudadanía, a su buen nombre y

humanos, si bien existen algunos derechos que poseen una conexión más directa con ella, como los derechos a la intimidad y a la privacidad.

Ahora bien, esta identidad personal, que se presenta como una identidad privada, no debe confundirse con la identidad jurídica, esto es, con lo que podemos entender como identidad pública. Y la cuestión se complica aún más con la aparición de la identidad digital[30], y con la posibilidad de demandar un derecho asociado a su protección[31].

En lo que sigue voy a referirme a algunos de los retos que nos plantean cuatro de las tecnologías convergentes. En concreto aludiré a la Genética, la Inteligencia Artificial, la Neurotecnología y la Robótica. Es importante aclarar desde el principio que aunque voy a tratar principalmente retos en forma de riesgos, estas tecnologías apuntan también importantes beneficios[32].

2.2. LA GENÉTICA

Como es sabido, la genética es una rama de la biología que estudia los caracteres hereditarios y cómo se transmiten éstos de generación en generación. Su origen suele situarse en G. Mendel y sus tres Leyes sobre la herencia genética (uniformi-

---

reputación, a su imagen, a su expresión, a proteger la privacidad de su vida personal y familiar y a la protección legal contra cualquier forma de discriminación».

30 Vid. Sullivan, C., *Digital Identity: An Emergent Legal Concept The role and legal nature of digital identity in commercial transactions*, University of Adelaide Press, 2011.

31 Esta identidad digital tiene que ver con el conjunto de informaciones publicadas en medios digitales sobre nosotros: datos personales, imágenes, noticias, comentarios, gustos, amistades, aficiones, etc. Componen nuestra imagen y reputación digital y no tiene por qué corresponderse con la realidad.

32 Vid. Palazzani, L., «Le tecnologie emergenti: le sfide etiche della tecnoscienza», en *Teoria e Critica Della Regolazione Sociale*, *2*(17), 2020, pp. 81 y ss.

dad, segregación y transmisión independiente), pero es con el Proyecto Genoma Humano, iniciado en los años 90 y culminado en el año 2.001, cuando se produce su gran expansión.

La genética plantea problemas de indudable relevancia ética y política, destacando aquellos que tienen que ver con el patrimonio genético, la información genética y la manipulación. Muchos de estos problemas han tenido ya respuesta normativa en el plano nacional y en el internacional.

En la actualidad, en este campo destacan dos grandes técnicas. Por un lado, el CAR-T, que permite extraer células de una persona, modificarlas y volverlas a introducir en la persona con el objetivo de curar una enfermedad. Por otro, el método de edición genética CRISPR, que permite el corte y la edición con alta precisión de información genética en el ADN de cualquier organismo vivo, incluidos los humanos[33].

Sobre el CRISPR la Organización Mundial de la Salud ha publicado una serie de informes que recogen las primeras recomendaciones globales sobre la edición del genoma humano como herramienta para la salud pública[34].

La reflexión ético-jurídica sobre la genética ha dado lugar a la demanda de nuevos derechos humanos, entre los que destacan, el derecho a la información genética (vinculado a la intimidad y a la autodeterminación informativa) y el derecho al patrimonio genético (vinculado a la integridad personal)[35]. También ha dado lugar a la demanda de una especie de nueva rama o línea jurídica, el «Bioconstitucionalismo», que se ocu-

---

[33] Vid. De Miguel Beriain, I. y Armaza Armaza, E., «Un análisis ético de las nuevas tecnologías de edición genética: el CRISPR-Cas9», en *Análes de la Cátedra Francisco Suarez, 52*, 2018, pp. 179 y ss. También Montoliu, L., *Editando genes: recorta, pega y colorea. Las maravillosas herramientas CRISPR*, Next Door Pubishers, Pamplona, 2019.

[34] OMS, *Human Genome Editing: Position Paper*, 2021. Disponible en: https://www.who.int/publications/i/item/9789240030404.

[35] Morente Parra, V., *Nuevos retos biotecnológicos para los derechos fundamentales*, Comares, Granada, 2014, pp. 195 y ss.

paría del estudio y análisis de los principios y de los derechos en el ámbito de la biotecnología[36].

En mi opinión, la discusión central en el campo de la genética (presente también en la mayoría de las tecnologías convergentes), tiene que ver con la distinción entre terapia y mejora. Así, en el campo de la genética se afirma que las intervenciones sobre el genoma humano pueden ser terapéuticas, si buscan corregir algún defecto o anomalía genética, o de mejora, si pretenden potenciar algún rasgo de la persona.

La diferencia posee tal relevancia que es habitual considerar que las intervenciones de mejora están prohibidas, cosa que no ocurre con las de mejora. ¿Por qué ocurre esto? ¿Son tan distintos estos factores? Como señala Lydia Feito: «Por qué es más importante cultivar con esfuerzo nuestras capacidades intelectuales y afectivas en lugar de mejorarlas desde su sustrato material. Por qué pensamos que podríamos perder nuestra humanidad, nuestra identidad, por modificar nuestra condición biológica. Y por qué un «yo mejorado» es una pérdida de identidad, teniendo en cuenta que somos realidades dinámicas en permanente cambio, influidos por factores de muy diversa índole»[37].

La distinción entre intervenciones terapéuticas e intervenciones de mejora no es clara y tampoco está resuelta desde un punto de vista ético la justificación de unas y otras. Como ha señalado Diego Gracia: «¿Dónde está el límite entre curación y mejora? Si, por ejemplo, alguien está bajo de humor y se le diagnostica de depresión, pueden dársele fármacos antidepresivos para elevarle el ánimo. ¿Hasta dónde o hasta cuándo? Se supone que hasta que alcance el nivel considerado normal. Pongamos que

---

[36] Montalvo, F. de., *Bioconstitucionalismo. Una reflexión sobre la edición genómica desde (y para) la teoría del derecho constitucional*, Aranzadi, Pamplona, 2020.

[37] Vid. Feito, L., «Neurofármacos y mejora humana», en AA.VV., *El mejoramiento humano. Avances, Investigaciones y reflexiones éticas y políticas*, Comares, Granada, 2015, pp. 94 y ss.

este nivel es 100. Si al que tiene un humor de 80 se le puede elevar a 100, ¿por qué no subir a 110 al que tiene 95, o al que está en 100 no puede elevársele a 120? Esto es cualquier cosa menos una pregunta retórica. Es bien sabido que ciertos ejecutivos, para rendir más en el trabajo, ser más empáticos y más simpáticos, toman Prozac. Otro ejemplo: ¿cuál es la estatura normal? A un bajito se le puede dar hormona de crecimiento para que crezca. ¿Por qué no dársela a uno normal para que pueda convertirse en un potencial jugador de baloncesto? Nadie ignora que hay todo un comercio clandestino de hormona del crecimiento. Y los ejemplos podían multiplicarse. Piénsese en la utilización de sustancias para aumentar el rendimiento deportivo, o la potencia sexual. ¿Qué es lo normal y qué lo anormal o patológico? ¿Qué es curar un defecto y qué mejorar una cualidad?»[38].

Precisamente la cuestión de la mejora y la terapia constituye uno de los grandes campos de batalla entre los bioconservadores y los transhumanistas. Dos conocidos filósofos como J. Harris (Universidad de Manchester) y M. Sandel (Universidad de Harvard), consideran que sortear la adversidad o negociar con lo recibido son constantes humanas, sin embargo, a partir de ahí, uno defiende la introducción sin límite de mejoras y el otro, por el contrario, las rechaza[39]. Como ha señalado M. Nussbaum muchas cosas que siempre se han visto como accidentes inmutables ahora parece que las podemos cambiar, y que tenemos incluso la obligación de cambiarlas[40].

La discusión sobre la mejora se ha visto condicionada por el desarrollo de una práctica asociada a ella como es la eugenesia. El término eugenesia fue acuñado por el naturalista británico

[38] Vid. Gracia, D., «Mejoramiento humano: ¿de qué estamos hablando?», en AA.VV., *El mejoramiento humano. Avances, Investigaciones y reflexiones éticas y políticas*, cit., p. 21.

[39] Vid. Harris, J., *Enchancing Evolution. The Ethical Case for Making Better People*, Princeton University Press, Princeton 2007, p. 9; Sandel, M., *Contra la perfección,* Marbot, Barcelona, 2007, p. 127.

[40] Nussbaum, M., «Genética y Justicia: Tratar la enfermedad, respetar la diferencia», trad. de R. Orsi, *Isegoria, n. 27*, 2002, pp. 6 y 7.

Francis Galton en 1883 para identificar la posibilidad de dirigir la evolución humana hacia la perfección, utilizando técnicas positivas (que buscaban conservar y mejorar características) y negativas (que buscaban eliminar características). Este tipo de prácticas ha tenido históricamente una proyección especial en el ámbito de las personas con discapacidad, consideradas como personas imperfectas. Y esta proyección no ha desaparecido en la actualidad, estando presente por ejemplo en algunas regulaciones sobre interrupción voluntaria del embarazo.

Seguramente, para la solución del problema de la justificación o no de las intervenciones de mejora, deberíamos tener claro lo que puede considerarse como el punto de partida: lo normal o si se quiere, precisamente, la identidad humana. Pero, como ya hemos visto, discutimos sobre ello y admitimos en muchas ocasiones intervenciones de mejora sobre nuestro cuerpo (seguramente tomando como referencia la diversidad de la identidad personal).

La discusión se vería facilitada si pudiéramos defender la existencia de mejoras objetivas. Pero sabemos que la idea de mejora está condicionada por ideas, creencias y contextos. Por otro lado, aunque pensáramos que hay mejoras objetivas, no está claro que esa valoración venga de un juicio aceptable o que su aplicación sea aceptable, en ambos casos por asumir la discriminación. Y es que por ejemplo, muchas personas con acondroplasia se someten a intervenciones para aumentar su altura, pero no tenemos claro si estas intervenciones obedecen a una verdadera elección personal o a una elección impuesta por una sociedad que discrimina a la personas de baja estatura. Uno de los grandes problemas éticos de las intervenciones genéticas tiene que ver con la garantía de una igualdad de oportunidades y con la no discriminación.

La tensión terapia-mejora es el eje sobre el que gira la conocida fábula de Nick Bostrom del dragón tirano[41]. El envejeci-

---

[41] Bostrom, N., «The Fable of the Dragon-Tyrant», en *Journal of Medical Ethics*, Vol. 31, No. 5, 2005, pp. 273 y ss.

miento humano es un dragón tirano que devora miles de vidas cada día y que es admitido por nuestra sociedad invirtiendo muchos recursos en su mantenimiento. Pero la tecnología está planteando la posibilidad de acabar con el dragón, de curar el envejecimiento. Para ello necesita también de recursos cuya administración no hay que demorar...

En todo caso, frente a las grandes promesas sobre la mejora, conviene tener presente el célebre pasaje de la obra de Kant, «Si el género humano se halla en progreso constante hacia mejor»: «Un médico no hacía sino consolar a su enfermo todos los días con el anuncio de la próxima curación, hoy diciéndole que el pulso iba mejor, mañana que lo que había mejorado era la excreción, pasado que el sudor era más fresco, etc. El enfermo recibe la visita de un amigo: ¿cómo va esa enfermedad?, le pregunta nada más entrar. ¡Cómo ha de ir ! ¡Me estoy muriendo de mejoría!»[42].

2.3. LA INTELIGENCIA ARTIFICIAL

El nombre de Inteligencia Artificial se acuñó en 1956 , en una conferencia de John McCarthy en el Dartmouth College (New Hamspshire), dentro de un foro donde Marvin Minsky, Claude Shannon y N. Rochester entre otros, discutieron sobre la posibilidad de simular la inteligencia humana mediante las máquinas. En todo caso, es Alan Turing quien se considera como el padre de la Inteligencia y al matemático George Boole como su precedente.

Se trata de una tecnología cuyo desarrollo ha permanecido al margen de los derechos humanos hasta hace pocos años, si bien hoy en día muchos textos y declaraciones inciden en la importancia de regular su uso desde los derechos[43]. Entre las

[42] Kant, I., «Si el género humano se halla en progreso constante hacia mejor» (1797), en *Filosofía de la historia*, FCE, México, 1979.

[43] De Asís, R., «Inteligencia Artificial y derechos humanos» en *Materiales de Filosofía del Derecho*, Universidad Carlos III de Madrid, 2020.

últimas iniciativas más interesantes puede citarse la *Propuesta de Reglamento Europeo sobre el uso de la Inteligencia Artificial* de abril de 2021 y el *Proyecto de Recomendación sobre la ética de la Inteligencia Artificial* de la UNESCO de septiembre de 2021.

La *Propuesta de Reglamento Europeo sobre el uso de la Inteligencia Artificia*l tiene como objetivo garantizar la tutela de los derechos fundamentales y al mismo tiempo reforzar la adopción, la inversión y la innovación en materia de Inteligencia Artificial en toda la Unión Europea. Para ello establece cuatro categorías de tecnologías de Inteligencia Artificial según el riesgo que provoca su uso para los derechos fundamentales.

Por su parte, el *Proyecto de Recomendación sobre la ética de la Inteligencia Artificial* de la UNESCO, tiene como objeto servir de base para poner los sistemas de Inteligencia Artificial al servicio de la humanidad, las personas, las sociedades y el medio ambiente y los ecosistemas, así como para prevenir daños. Aspira también a estimular la utilización de los sistemas de Inteligencia Artificial con fines pacíficos. Los valores en los que se apoya son: el respeto, protección y promoción de los derechos humanos y la dignidad humana; la prosperidad del medio ambiente y los ecosistemas; la garantía de la diversidad y la inclusión; las sociedades pacíficas, justas e interconectadas.

La incidencia de la Inteligencia Artificial en el Derecho es un hecho[44], y está transformando la organización y el mercado de los servicios jurídicos y la manera de trabajar de los operadores jurídicos. En España, esa incidencia está siendo profundamente estudiada, destacando en este punto los trabajos de Roger Campione, *La plausibilidad del derecho en la era de la inteligencia artificial. Filosofía carbónica y filosofía silícica del*

[44] Vid. Casadei, Th. y Pietropaoli, S, «Intelligenza artificiale: fine o confine del diritto?», en Casadei, Th. y Pietropaoli, S., *Diritto e Tecnologie Informatiche*, Wolters Kluwer, Milan, 2021, pp. 219 y ss.

derecho[45], y de José Ignacio Solar Cayón, *La Inteligencia Artificial Jurídica*[46].

Esta proyección está provocando también cambios en ramas jurídicas de gran tradición como el Derecho penal. No es extraño así que se produzcan iniciativas normativas para su regulación. Recientemente destaca en este sentido, la Resolución del Parlamento Europeo, de 6 de octubre de 2021, sobre la inteligencia artificial en el Derecho penal y su utilización por las autoridades policiales y judiciales en asuntos penales. Una Resolución basada de nuevo en los derechos humanos y en la que se destacan dos derechos por encima de todos: el derecho a la protección de la vida privada y el derecho a la protección de los datos personales.

Una de las proyecciones más interesantes de la Inteligencia Artificial en el mundo del Derecho es la que afecta a la argumentación jurídica. Se trata de una proyección cuyo origen se remonta a los años 70 del siglo pasado si bien pueden citarse precedentes contemporáneos a la propia aparición de la Inteligencia Artificial[47]. En este sentido suelen citarse los estudios de Lee Loevinger, «Jurimetrics-The Next Step Forward»[48] y «Automation in the legal world» de Lucien Mehl[49]. Pero dos son los trabajos en los que esta proyección se produce ya de manera clara: «Some Speculation about Artificial Intelligence and Legal Reasoning» de Bruce G. Buchanan y Thomas E. Headrick[50] y «Reflections on Taxman: An Experiment in Artificial Intelligence and Legal Reasoning» de Thorne McCarty[51]. A partir de aquí, el tratamiento de la Inteligencia Artificial y la argu-

45 Publicado por Dykinson, Madrid, 2020.

46 Publicado por Aranzadi, Pamplona, 2019.

47 Vid. Rissland, E.L.; Ashley, K.D.; Loui, R.P.,«AI and Law: A fruitful synergy», en *Artificial Intelligence, 150*, 2003, pp. 1 y ss.

48 Publicado en *Minnesota Law Review,* 1949.

49 Publicado en el volumen del Congreso *Mechanisation of Thought Processes* celebrado en Teddington, en 1958.

50 Publicado en *Stanford Law Review, vol. 23, n. 1,* 1970, pp. 40 y ss.

51 Publicado en *Harvard Law Review, vol. 9, n. 5,* 1977, pp. 837 y ss.

mentación jurídica ha tenido un amplio desarrollo discurriendo por dos grandes líneas: la de los sistemas basados en reglas y la de los sistemas basados en casos. Dos obras destacan en este desarrollo: *An Artificial Intelligence Approach to Legal Reasoning*, de Anne Gardner[52], y *Modeling Legal Argument*, de Kevin Ashley[53]. En España, es importante destacar en aquellos años la obra del profesor Pérez Luño, *Cibernética, Informática y Derecho*[54].

La proyección de la Inteligencia Artificial en la argumentación tiene como consecuencia derivada la incidencia de esta tecnología en el proceso en general y en el derecho al debido proceso en particular[55]. En este punto han surgido muchas voces de alarma que se pronuncian sobre la imposibilidad, en algunos casos, y la peligrosidad, en otros, de esta proyección refiriéndose a la cuantificación matemática de la justicia.

Algunas de las críticas que se lanzan contra la aplicación de la Inteligencia Artificial en el proceso incurren en una suerte de paradoja. En efecto, es común en este punto criticar los intentos de aplicar la Inteligencia Artificial en este campo porque se considera que es incapaz de llevar a cabo un pensamiento humano, esto es, un pensamiento complejo, contextual, situado, adaptado a la circunstancias y al caso. Con ello se maneja una visión humana de juez, asumiendo la existencia de ciertas dosis de discrecionalidad en su actuación. Al mismo tiempo se defiende el sometimiento al Derecho, la seguridad jurídica, las respuestas predeterminadas. En cierto sentido se critica a la Inteligencia Artificial desde un modelo de función jurisdiccional que parece que lo que demanda es precisamente algo parecido a lo que proporciona esta tecnología, pero, cuan-

---

[52] Publicada por MIT Press en 1984.

[53] Publicada por MIT Press en 1990.

[54] Publicada por el Real Colegio de España en Bolonia en 1976.

[55] Vid. De Asís Pulido, M., «Derecho al debido proceso e Inteligencia Artificial», en Llano Alonso, F.H. y Garrido Martín, J., *Inteligencia Artificial y Derecho. El jurista ante los retos de la era* digital, Aranzadi, Pamplona 2021, pp. 67 y ss.

to más se critica la Inteligencia Artificial más se defiende la discrecionalidad judicial...[56]

Ciertamente, uno de los grandes problemas de la aplicación de la Inteligencia Artificial en el proceso tiene que ver con los sesgos. Conviene advertir en todo caso que los sesgos existen con y sin Inteligencia Artificial. Es más, gracias a ella puede ser posible identificar estos sesgos y eliminarlos[57]. Eso si, para ello, debe exigirse el mayor grado de transparencia posible en su uso, exigencia presente en el ámbito de la motivación de cualquier decisión judicial. Además, la lucha contra la existencia de sesgos en la justicia, con y sin Inteligencia Artificial, requiere invertir en formación en la diversidad y en la no discriminación, tanto en el campo de los operadores jurídicos como en el de los tecnólogos.

La reflexión sobre la presencia de la Inteligencia Artificial en el Derecho, al igual que nos ocurría con la Genética, ha dado lugar a la demanda del reconocimiento de nuevos derechos. Así, entre otros derechos, se habla del derecho a la no discriminación algorítmica, el derecho a la accesibilidad o el derecho a la transparencia. Y desde lo que podemos considerar como una visión positiva de la Inteligencia Artificial, Migle Laukyte se ha referido al derecho a la Inteligencia Artificial[58].

2.4. LA NEUROTECNOLOGÍA

La Neurociencia es una disciplina que estudia el cerebro, la estructura y función del sistema nervioso y cómo interactúan

---

[56] Sobre el tema vid. Belloso Martín, N., «Los desafíos iusfilosóficos de los usos de la Inteligencia Artificial en los sistemas judiciales: a propósito de la decisión judicial robótica vs decisión judicial humana», en Belloso Martín, N. (dir.), *Sociedad Plural y Nuevos Retos del Derecho,* Aranzadi, Pamplona, 2021, pp. 354 y ss.

[57] Vid. Chen, D.L., «Judicial analytics and the great transformation of American Law», en *Artificial Intelligence and Law, 27,* 2019, pp. 15 y ss.

[58] Vid. Laukyte, M., «Dignidad humana y nuevos derechos: el derecho a la Inteligencia Artificial», en Llano Alonso, F.H. y Garrido Martín, J., *Inteligencia Artificial y Derecho. El jurista ante los retos de la era digital,* cit., pp. 183 y ss.

sus diferentes elementos dando origen a la conducta humana. Su origen se remonta al año 1664 cuando Thomas Willis publica el tratado Cerebri Anatome. No obstante la neurociencia contemporánea se caracteriza porque en ella convergen diferentes ramas científicas tales como la Anatomía, Bioingeniería, Bioquímica, Farmacología, Fisiología, Inteligencia Artificial, Neurología, Psicología, etc...

Una de las proyecciones importantes de la neurociencia es la neurotecnología. Con este término se hace alusión a los métodos, sistemas e instrumentos que se conectan con el cerebro humano y que pueden registrar y/o influir en la actividad neuronal.

Las neurociencias han avanzado espectacularmente gracias a las técnicas de neuroimagen y gracias a los interfaces cerebro-máquina. Algunos ejemplos de esta tecnología lo constituyen los implantes cocleares o los estimuladores cerebrales profundos. En 2018, el MIT Media Lab utilizó esta tecnología para transcribir pensamientos humanos en mensajes mecanografiados...

Al igual que ha ocurrido con los otros ámbitos la importancia de este campo y su alcance ha dado lugar a la aparición de una reflexión ética. Así, en mayo de 2002, en San Francisco (California), se celebró un Congreso internacional en el que se abordó el nacimiento de una disciplina entendida como una nueva orientación de la Bioética: la neuroética.

En todo caso, la preocupación por las implicaciones éticas de las intervenciones en el cerebro son muy anteriores. En este punto, es necesario citar a dos relevantes investigadores que ya en la segunda mitad del siglo xx publicaron al respecto[59]. Uno de ellos fue el español Jose Manuel Rodríguez Delgado, profesor de la Universidad de Yale e inventor del «Estimociver» (un estimulador eléctrico del cerebro). Rodríguez Delgado en un libro de 1971[60], se refiere a la indefensión de las personas ante

---

59 Vid. Schleim, S., «Neurorights in History: A Contemporary Review of José M. R. Delgado's «Physical Control of the Mind» (1969) and Elliot S. Valenstein's «Brain Control» (1973)», en *Frontiers in Human Neurosciencie, 27,* 2021.

60 Rodríguez Delgado, J. M., *Physical Control of the Mind: Toward a Psychocivilized Society*, Harper & Row, Scranton, 1971.

las técnicas de manipulación del cerebro. Rodríguez Delgado mantenía una visión optimista del uso de estas técnicas, al contrario de lo que ocurría con el otro investigador, el norteamericano Elliot S. Valenstein[61].

La neuroética es «el examen de lo correcto o incorrecto del tratamiento, perfeccionamiento, invasión o manipulación del cerebro humano»[62]. Lo específico de la neuroética frente a los temas clásicos de la bioética es que se plantea la propia definición de lo humano, su identidad. Tanto es así que no sólo se habla de la ética de la neurociencia (como regular sus avances, hasta dónde se debe llegar, que implicaciones tienen) sino también de neurociencia de la ética (como construimos los principios morales, como es nuestra conciencia)[63].

Todo ello se ha proyectado también en el Derecho. El término neuroderecho fue acuñado por primera vez por Sherrod Taylor a principios de la década de 1990 para denotar el creciente área de colaboración entre neuropsicólogos y abogados en el sistema de justicia penal[64]. En las décadas siguientes, el ámbito del neuroderecho se amplió para abarcar todo el área de intersección entre la neurociencia y el Derecho.

Entre los grandes temas que nos plantea el neuroderecho está el del libre albedrío, el cambio en la concepción del Derecho penal y de la responsabilidad, el de su repercusión en el proceso o el de los neuroderechos.

---

[61] Valenstein, E.S., *Brain Control: A Critical Examination of Brain Stimulation and Psychosurgery,* John Wiley Sons, New York, 1973.

[62] Safire, W., «Visions for a New Field of «Neuroethics», en Marcus, S. J. (ed.), *Neuroethics. Mapping the Field,* The Dana Press, New York, 2002, p. 3. Vid. Allhoff, F., «What Are Applied Ethics?», en *Sci Eng Ethics, n. 17,* 2011, pp. 14 y ss.

[63] Vid. en este sentido Roskies, A., «Neuroethics for the New Millenium», *Neuron, 35,* 2002, p. 21. También Farah, M. J., «Social, Legal, and Ethical Implications of Cognitive Neuroscience: «Neuroethics» for Short», en *Journal of Cognitive Neuroscience, 19,* 2007, pp. 363 y 364; Illes, J., y Racine, E., «Imaging or imagining? A neuroethics challenge informed by genetics», en *American Journal of Bioethics, n. 5,* 2005, pp. 5 y ss.

[64] Taylor, J. Sherrod; Harp, J. Anderson; Elliott, Tyron, «Neuropsychologists and neurolawyers», en *Neuropsychology, Vol 5(4),* Oct 1991, 293-305.

Y es que, al igual que la Inteligencia Artificial, la neurociencia se está proyectando en el proceso judicial, y dentro de él, se utilizan diferentes técnicas de neuroimagen para, por ejemplo, acreditar el grado de imputabilidad de las personas o para valorar el grado de credibilidad de las participantes en el proceso. Existe en esta línea una jurisprudencia interesante en el ámbito de los Estados Unidos y en la India, apoyada en las técnicas que utilizan dos polémicos neurocientíficos: Larry Farwell y Raman Mukundan Champadi. En España, también se han utilizado estas técnicas sobre todo en la búsqueda de cadáveres no encontrados, y apoyándose en la práctica de un neurólogo, José Ramón Valdizán Usón.

Se ha propuesto utilizar estas técnicas para la prevención de la peligrosidad criminal[65]. Estas propuestas, como no podría ser de otra forma, han causado cierto revuelo desde el punto de vista de los derechos humanos, aunque no hay que perder de vista que la peligrosidad se ha venido utilizando desde hace siglos en el campo de la discapacidad psicosocial para internar involuntariamente a las personas.

Al igual que ocurría con las otras tecnologías convergentes examinadas, la proyección de la neurociencia en el Derecho ha dado lugar a la demanda de nuevos derechos bajo el nombre de neuroderechos. Existen dos importantes investigadores que han subrayado la necesidad de este reconocimiento: Marcello Ienca y Rafael Yuste. El primero se ha referido al derecho a la libertad cognitiva, al derecho a la intimidad psíquica, al derecho a la integridad psíquica y al derecho a la continuidad psicológica[66]. El segundo al derecho a la identidad, o la capacidad de controlar la integridad física y mental; al derecho a la agencia, o la libertad de pensamiento y el libre albedrío para elegir las propias acciones; al derecho a la privacidad mental, o la

---

65 Vid. Demetrio Crespo, E. y Maroto Calatayud, M., *Neurociencias y Derecho Penal*, cit., pp. 483 y ss.

66 Ienca, M., y Andorno, R.,«Towards new human rights in the age of neuroscience and neurotechnology», en *Life Sciences, Society and Policy,* 13:5, 2017.

capacidad de mantener los pensamientos protegidos contra su divulgación; al derecho al acceso justo a la mejora mental, o la capacidad de asegurar que los beneficios de las mejoras en la capacidad sensorial y mental a través de la neurotecnología se distribuyan de manera justa entre la población; y al derecho a la protección contra el sesgo algorítmico, o la capacidad de garantizar que las tecnologías no introduzcan prejuicios[67].

2.5. LA ROBÓTICA

La Robótica es la ciencia y tecnología de los robots; una combinación de distintas disciplinas científicas, cuyos campos de aplicación se están ampliando cada vez más[68]. El término Robótica se atribuye a Isaac Asimov quien a finales de los años 30 del siglo pasado crea las Leyes de la Robótica: un robot no puede hacer daño a un ser humano ni directamente ni a través de su intervención; un robot debe obedecer las órdenes que le den los seres humanos, a menos que las mismas entren en conflicto con el primer mandamiento; un robot debe salvaguardar su propia existencia, a menos que su autodefensa se contradiga con el primer y el segundo mandamiento. A estas tres leyes añadió posteriormente una cuarta: ningún robot puede dañar a la humanidad o, por inacción, permitir que la humanidad sufra daño.

Los avances producidos en este campo, unidos a los conseguidos en otras disciplinas han hecho insuficientes estas reglas. Así, se han propuesto otras que, en muchos casos, alteran el sentido de las de Asimov. Por ejemplo, en 2011, en el Reino Unido, el Engineering and Physical Sciences Research Council y el Arts and Humanities Research Council, planteó los cinco principios siguientes: (i) Los robots son herramientas de múltiples usos. Lo robots no deben ser diseñados exclu-

---

[67] Yuste, R., Genser, J., y Herrmann, S., «It's Time for Neuro-Rights», en *Horizons*, Center for International Relations and Sustainable Development, 2021, pp. 154 y ss.

[68] Vid. Barrientos, A. y Balaguer, C., *Fundamentos de robótica*, McGraw-Hill, Barcelona, 2007, pp. 27 y ss.

siva o principalmente para matar o dañar a los seres humanos, salvo que exista un interés nacional. (ii) Los seres humanos y no los robots son los sujetos responsables. Los robots son herramientas diseñadas para cumplir con el Derecho y los derechos fundamentales, entre los que está la privacidad. (iii) Los robots son productos. Deben ser diseñados utilizando procesos que aseguren su protección y seguridad. (iv) Los robots son artefactos fabricados. No deben ser diseñados de manera engañosa para explotar a usuarios vulnerables, sino que su naturaleza como máquina debe ser transparente. (v) Siempre debe ser posible saber quién es legalmente responsable por el comportamiento de un robot. Si comparamos las leyes de Asimov con estos principios, podremos observar diferencias sensibles.

El interés por los problemas éticos que acompañan al uso de esta tecnología, llevó a propugnar la creación de un espacio singular dentro de la ética: la roboética. El término roboética fue propuesto oficialmente durante el Primer Simposio Internacional de roboética (San Remo, enero-febrero 2004). En este encuentro, se hizo un llamamiento a filósofos, juristas, sociólogos, antropólogos y científicos robóticos, para contribuir a sentar las bases de la ética en el diseño, el desarrollo y el empleo de los robots[69]. En este sentido, la roboética puede ser entendida como el conjunto de criterios o teorías con los que se pretende dar respuesta a los problemas éticos que plantea la creación y el uso de robots, y que se proyectan en sus fabricantes y usuarios e, incluso, en los propios robots.

Como he señalado en otro lugar, es posible destacar los diez siguientes problemas dentro de la roboética: (i) Afectación de mercado de trabajo con la consiguiente pérdida de puestos de trabajo; (ii) Integridad física y moral de las personas (básicamente la intervención en los derechos de otros); (iii) Identidad

[69] Vid. Veruggio, G. y Operto, F., «Roboethics: a Bottom-up Interdisciplinary Discourse in the Field of Applied Ethics in Robotics», en *IRIE, International Review of Information Ethics, vol. 6* (12/2006), pp. 2 y ss.

humana física (la cuestión de las prótesis), psicológica (posible dependencia para con el robot) o social (aislamientos social y abandono de tareas sociales; (iv) Diversidad cultural y biológica (uniformidad social y contaminación); (v) Privacidad/intimidad (tratamiento y alteración de los datos personales); (vi) Igualdad y no discriminación (igual oportunidad de acceso al conocimiento y no discriminación, con especial atención a los grupos vulnerables; (vii) Propiedad (la regulación de las patentes); (viii) Responsabilidad y seguridad por el engaño, defecto o manipulación, (ix) Identificación y registros de los robots; (x) Agencia o papel moral del robot[70].

En todo caso, el interés por la regulación ha acompañado siempre a esta tecnología. Desde las Leyes de Asimov se han sucedido, como ya he apuntado, diferentes propuestas bien en forma de códigos éticos genéricos, bien como propuestas destinadas a regular aspectos concretos, llegando incluso a plantearse la posible existencia de un nuevo campo jurídico: el Derecho de la Robótica[71].

En el campo jurídico, el tema más tratado en relación con la robótica ha sido el de la responsabilidad. En la actualidad, la regulación de la responsabilidad se hace más problemática por la complejidad de los productos y sistemas tecnológicos, su creciente autonomía, la gran variedad de usos y entornos y por la posibilidad de que los usuarios interfieran en el software.

La superación de estos problemas exige configurar un sistema de responsabilidad que sea capaz de evitar daños, identificar responsables, resarcir al perjudicado, todo ello sin perjudicar la innovación tecnológica. Pero además, y como punto de

---

70 Vid. De Asís, R., *Una mirada a la robótica desde los derechos humanos*, Dykinson, Madrid, 2014, p. 74.

71 Vid. Calo, R., «Robotics and the Lessons of Ciberlaw», en *California Law Review, vol. 103, n.3*, 2015, pp. 513 y ss. En España, Moisés Barrio se ha referido también a una rama jurídica autónoma: el Derecho de los Robots. Vid. Barrio Andrés, Moisés (dir.): *Derecho de los Robots*. Editorial Wolters Kluwer, Madrid, 2018.

partida, requiere tener claro el concepto de robot, algo que todavía no se ha alcanzado.

En efecto, no puede afirmarse que exista un acuerdo sobre el significado del término «robot». En este punto, aunque existen planteamientos ontológicos[72], suele ser más común adoptar una visión funcional. Pero unas y otras pueden requerir del reconocimiento de una cierta personalidad jurídica a los robots[73] lo que plantea el estatus moral del robot e incluso su protección jurídica[74].

Y esto ha hecho que el discurso de los derechos esté también presente en la robótica, no solo como derechos frente al uso de las máquinas, sino también como derechos de las propias máquinas, considerando a éstas como agentes morales artificiales.

El reconocimiento de la agencia moral e incluso de la titularidad de los derechos se ha extendido en los últimos años a entidades cibernéticas[75], pero también a entidades no humanas (más allá del tradicional reconocimiento de las personas jurídicas). Se habla así de derechos de los animales[76], pero también,

---

[72] Kahn, P., «The new ontological category hypothesis in human–robot interaction», en *Proceedings of the seventh annual ACM/IEEE international conference on Human–Robot Interaction*, Boston, Massachusetts, 2012.

[73] Vid. La Resolución del Parlamento europeo de 16 de febrero de 2017, con recomendaciones destinadas a la Comisión sobre normas de Derecho civil sobre Robótica. Disponible en: http://www.europarl.europa.eu/sides/getDoc.do?type=TA&reference=P8-TA-2017-0051&language=ES&ring=A8-2017-0005. Sobre el tema, Barrio Andrés, M., «¿Una personalidad electrónica para los robots?, en AA.VV., *Sociedad Digital y Derecho*, cit., pp. 127 y ss.

[74] Darling, K., «Extending legal protection to social robots: the effects of anthropomorphism, empathy, and violent behaviour towards robotic objects», en Calo, R., Froomkin, M. y Kerr, I. (coords.), *Robot law*, Edward Elgar Publishing, Nueva York, 2016.

[75] Vid. en este sentido la *Declaración sobre los derechos de los ciborgs,* elaborada por Aral Balkan. Disponible en https://cyborgrights.eu/#discourse-comments, consultada el 9 de enero de 2019.

[76] Rey Pérez, J.J., *Los derechos de los animales en serio*, Dykinson, Madrid 2018.

de derechos de la naturaleza[77]. En todos estos casos, se trata de reconocimiento de derechos que requieren de la intervención humana, en forma de representación, para su garantía. Sin embargo, en el caso de los robots, se plantea un reconocimiento sin esa intervención[78].

Así, en esta reflexión sobre el status moral del robot y sobre el reconocimiento de derechos, aparece un tema que hemos visto presente al tratar otras tecnologías convergentes: el de la identidad humana. Y una cuestión muy relacionada con ésta es la del comercio de las prótesis y/o dispositivos o el de su reutilización, que nos conecta con el problema de la propiedad y el uso del cuerpo humano y de sus partes[79], y que puede poner en duda el tratamiento actual de cuestiones como la donación de partes del cuerpo[80] o las legislaciones restrictivas sobre la reutilización de implantes[81].

---

77 Acosta, A., «Los Derechos de la Naturaleza. Una lectura sobre el derecho a la existencia», en A. Acosta, A. y Martínez, E., *La naturaleza con derechos: de la filosofía a la política*, Abya-Yala, Quito 2011.

78 Vid. Gordon, JS., «Artificial moral and legal personhood», en *AI & Society 36*, 2021, pp. 457 y ss.

79 Vid. al respecto García Manrique, R., «La propiedad sobre las partes separadas del cuerpo: un test para el enfoque propietarista», en *Revista Bioética y Derecho, 40,* 2017, pp. 49 y ss.

80 Vid. por ejemplo los artículos primero y segundo de la Ley 30/1979, de 27 de octubre, sobre extracción y trasplante de órganos; el artículo 5 de la Ley 14/2006, de 26 de mayo, sobre técnicas de reproducción humana asistida; el artículo 7 del Real Decreto 1723/2012, de 28 de diciembre, por el que se regulan las actividades de obtención, utilización clínica y coordinación territorial de los órganos humanos destinados al trasplante y se establecen requisitos de calidad y seguridad; o el artículo 3 del Real Decreto-ley 9/2014, de 4 de julio, por el que se establecen las normas de calidad y seguridad para la donación, la obtención, la evaluación, el procesamiento, la preservación, el almacenamiento y la distribución de células y tejidos humanos y se aprueban las normas de coordinación y funcionamiento para su uso en humanos. O también el Convenio Europeo sobre Derechos Humanos y Biomedicina, de 1997, que en su artículo 21 señala: «El cuerpo humano y sus partes, como tales, no deberán ser objeto de lucro».

81 Vid. el Reglamento 2017/745 del Parlamento Europeo y del Consejo, de 5 de abril de 2017, sobre los productos sanitarios, por el que se modifican la

3. LOS NUEVOS DERECHOS

Podría pensarse que los avances producidos en el campo de las ciencias y la tecnología han provocado una mayor satisfacción de los derechos a escala global. Sin embargo, como ya apunté al comienzo, no ha sido así. Resulta sorprendente que, en el siglo XXI, un siglo continuación del llamado siglo de la ciencia[82], siga existiendo una situación global de pobreza y de insatisfacción de necesidades básicas.

Esta sorpresa es si cabe aún mayor si tenemos en cuenta que el siglo XX ha sido también, por utilizar la famosa expresión de Norberto Bobbio, el «tiempo de los derechos». En efecto, en el siglo pasado se ha producido la aprobación de los textos internacionales más importantes en materia de derechos y éstos han pasado a presidir los ordenamientos internos de buena parte de los países del mundo. Y esta tendencia se mantiene en el siglo XXI, a pesar del retroceso producido en materia de derechos amparado en el llamado terrorismo internacional y en la crisis económica. Si utilizamos, como proponía N. Bobbio, a la protección real de la dignidad humana como indicador del progreso moral de la humanidad[83], la conclusión no puede ser otra: el progreso científico y el progreso normativo no implican progreso ético.

Desde la aprobación de los grandes tratados internacionales de derechos humanos de carácter universal hasta nuestros días se ha producido una auténtica revolución tecnológica. En estos años hemos asistido al nacimiento de internet, de los ordenadores portátiles, de la telefonía móvil, de las redes sociales; a la definición de los principios de la bioética (1979); a la secuenciación del genoma humano; a la obtención de células madres

---

Directiva 2001/83/CE, el Reglamento (CE) n.° 178/2002 y el Reglamento (CE) n.° 1223/2009 y por el que se derogan las Directivas 90/385/CEE y 93/42/CEE del Consejo. Diario Oficial de la Unión Europea L 117, de 5 de mayo de 2017.

[82] Sánchez Ron, J.M., *El siglo de la ciencia*, Taurus, Madrid, 2000.

[83] Bobbio, N., «El tiempo de los derechos», en *El tiempo de los derechos*, trad. de R. de Asís, Sistema, Madrid, 1991, p. 111.

a partir de células de piel humana; al nacimiento de la nanotecnología o de la neurociencia cognitiva; a la explosión de la robótica y de la inteligencia artificial... No cabe duda de que nuestra forma de vida ha cambiado y con ella nuestras relaciones sociales y, en definitiva, nuestras sociedades.

Como ha señalado el profesor Pérez Luño: «La revolución tecnológica ha redimensionado las relaciones de los seres humanos con la naturaleza, las relaciones de los seres humanos entre sí y la relación del ser humano para consigo mismo. Estas mutaciones no han dejado de incidir en la esfera de los derechos humanos»[84]. Y en este sentido, Pérez Luño se ha referido a una nueva generación de derechos compuesta por los derechos relativos al medio ambiente, la calidad de vida y la paz; los derechos en el ámbito de las tecnologías de la información y la comunicación (TIC); y los derechos en la esfera de la bioética y de las biotecnologías[85].

Resulta importante esta enumeración de Pérez Luño porque la reflexión sobre la revolución tecnológica y su incidencia en los derechos no puede hacerse de espaldas ni al discurso sobre la diversidad ni al discurso sobre los nuevos derechos ecológicos basados muchos de ellos en la defensa de la existencia de una nueva era geológica, el Antropoceno[86], y que partiendo de la defensa del medio ambiente, he llevado a la demanda de los derechos de la naturaleza, pasando por la justicia medio ambiental y el biocentrismo.

En este sentido, los derechos humanos deben ser el marco desde el que afrontar los retos éticos de las nuevas tecnologías[87].

---

[84] Pérez-Luño, A.E., «Las generaciones de derechos humanos ante el desafío pothumanista», en AA.VV., *Sociedad digital y Derecho*, ci., p. 144.

[85] Pérez-Luño, A.E., «Las generaciones de derechos humanos ante el desafío pothumanista», cit., pp. 145 y ss.

[86] Al respecto vid. Garrido Martín, J., «Inteligencia Artificial y cultura tecnológica. Hacia una técnica fragmentada», en Llano Alonso, F. y Garrido Martín, J., *Inteligencia Artificial y Derecho*, cit., pp. 157 y ss.

[87] Vid. Llano Alonso, F.H., *Homo Excelsior. Los límites ético-jurídicos del transhumanismo*, cit., pp. 171 y ss.

Y los responsables de que esto sea así son, en primer lugar, los Estados y las organizaciones internacionales como Naciones Unidas. Pero esa responsabilidad compete a todos y, como no, a las empresas e industrias.

Y en este punto se pone de manifiesto uno de los grandes problemas que afectan a la satisfacción de los derechos: su vigencia en el ámbito privado. Se trata de un problema que se considera resuelto desde un punto de vista teórico pero que realmente no lo está. Por eso tenemos que insistir en ello: los derechos humanos no solo limitan la actuación de los poderes públicos, sino también la de los ciudadanos y la de las empresas y las industrias[88].

En todo caso, en el campo de las empresas e industrias, es importante que seamos conscientes de la existencia de los «Principios Rectores de la ONU sobre las Empresas y los Derechos Humanos» que el Consejo de Derechos Humanos de Naciones Unidas hizo suyos en junio de 2011[89].

En virtud de esta declaración los Estados deben proteger contra las violaciones de los derechos humanos cometidas en su territorio y/o su jurisdicción por terceros, incluidas las empresas; y en este sentido, deben adoptar las medidas apropiadas para asegurar la eficacia de los mecanismos judiciales nacionales cuando aborden las violaciones de derechos humanos relacionadas con empresas, en particular considerando la forma de limitar los obstáculos legales, prácticos y de otros tipos que puedan conducir a una denegación del acceso a los mecanismos de reparación.

En la declaración, se afirma que las empresas deben respetar los derechos humanos internacionalmente reconocidos, que abarcan, como mínimo, los derechos enunciados en la Carta Internacional de Derechos Humanos y los principios

---

88 Vid. De Asís, R., *Las paradojas de los derechos fundamentales como límites al Poder*, Dykinson, Madrid, 2000.

89 Pueden consultarse en https://www.ohchr.org/documents/publications/guidingprinciplesbusinesshr_sp.pdf

relativos a los derechos fundamentales establecidos en la Declaración de la Organización Internacional del Trabajo relativa a los principios y derechos fundamentales en el trabajo. Esta obligación de respetar los derechos humanos se aplica a todas las empresas independientemente de su tamaño, sector, contexto operacional, propietario y estructura. Igualmente, en este ámbito se proclama que las empresas deben proceder con la debida diligencia en materia de derechos humanos, y que este proceso debe incluir una evaluación del impacto real y potencial de las actividades sobre los derechos humanos, la integración de las conclusiones, y la actuación al respecto; el seguimiento de las respuestas y la comunicación de la forma en que se hace frente a las consecuencias negativas. Además se afirma que si se determina que han provocado o contribuido a provocar consecuencias negativas deben repararlas o contribuir a su reparación por medios legítimos.

En cualquier caso, parece necesario reflexionar sobre si el discurso de los derechos humanos vigente necesita una relectura o sobre la necesidad del reconocimiento de nuevos derechos. En relación con lo primero, he defendido la importancia de que el discurso de los derechos esté abierto al progreso, a la sociedad, a las generaciones futuras, a la posibilidad y a la diversidad y a la discapacidad[90].

Y en relación con lo segundo, se ha planteado la posibilidad de reconocer nuevos derechos al hilo de las tecnologías convergentes. Así, Laura Palazzani se he referido al derecho a acceder a tecnologías emergentes, al derecho a no utilizar tecnologías emergentes, al derecho a ser informado y educado en el uso de tecnologías emergentes, al derecho a adquirir una conciencia crítica de las tecnologías emergentes, al derecho a participar en la «gobernanza» de las tecnologías emergentes...[91].

---

[90] De Asís, R., *Una mirada a la robótica desde los derechos humanos*, cit.

[91] Palazzani, L., «Le Tecnologie Emergenti: Le Sfide Etiche Della Tecnoscienza», cit., p. 95.

La demanda de nuevos derechos se ha plasmado ya en declaraciones internacionales pero también empieza a tener presencia en la normativa de los Estados. En este sentido es importante destacar dos grandes líneas de actuación: por un lado la de los derechos digitales, en España, por otro, la de los neuroderechos en Chile.

En España, desde la importancia de Internet como elemento esencial para el desarrollo de las personas y el disfrute de los derechos, se ha demandado la necesidad de reconocer el derecho de acceso a internet como un derecho ciudadano[92]. Así, Tomás de la Quadra-Salcedo, en un trabajo sobre derechos y sociedad digital ha planteado la posibilidad de incorporar a nuestra Constitución el derecho de acceso a la sociedad digital, «entendido básicamente como el derecho de acceso a lo que podríamos llamar sus precursores: es decir, a todos los instrumentos, dispositivos y posibilidades, que son la condición necesaria para beneficiarse de la sociedad digital. Reconocimiento del derecho de todos a acceder a la sociedad digital–en el sentido indicado– que podría entenderse necesario para la realización efectiva de las posibilidades de igualdad y libre desarrollo de la personalidad de todos y cada uno; posibilidades de enorme relevancia individual y social en cuanto piedra angular de nuestros Estados de bienestar»[93]. Incluso se afirma que el reconocimiento de este derecho puede no ser suficiente y debe hablarse del derecho de acceso a una Internet neutral y abierta dentro del catálogo de derechos fundamentales[94], garantizando el acceso a los datos y que los datos se transmitan sin discriminación y sin ser alterados, y de un derecho a la ciberseguridad en los servicios accedidos, que garan-

[92] Vid. García Mexía, P., «El derecho de acceso a internet», en en AA.VV., *Sociedad Digital y Derecho*, BOE, Madrid, 2018, pp. 397 y ss.

[93] Quadra-Salcedo, T., «Retos, riesgos y oportunidades de la sociedad digital», en AA.VV., *Sociedad Digital y Derecho*, cit, p. 69.

[94] Vid. Fuertes, M., «Defensa de derechos y neutralidad de la Red», en AA.VV., *Sociedad Digital y Derecho*, cit., p. 507.

tice la integridad, confidencialidad, autenticidad, trazabilidad y disponibilidad[95].

Como es sabido, la Ley Orgánica 3/2018, de 5 de diciembre, de Protección de Datos Personales y garantía de los derechos digitales, llega a reconocer hasta 17 derechos digitales: derecho a la neutralidad de Internet; derecho de acceso universal a Internet; derecho a la seguridad digital; derecho a la educación digital; protección de los menores en Internet; derecho de rectificación en Internet; derecho a la actualización de informaciones en medios de comunicación digitales; derecho a la intimidad y uso de dispositivos digitales en el ámbito laboral; derecho a la desconexión digital en el ámbito laboral; derecho a la intimidad frente al uso de dispositivos de videovigilancia y de grabación de sonidos en el lugar de trabajo; derecho a la intimidad ante la utilización de sistemas de geolocalización en el ámbito laboral; derechos digitales en la negociación colectiva; protección de datos de los menores en Internet; derecho al olvido en búsquedas de Internet; derecho al olvido en servicios de redes sociales y servicios equivalentes; derecho de portabilidad en servicios de redes sociales y servicios equivalentes; derecho al testamento digital.

Por su parte, en julio de 2020 se aprobó el Plan España Digital, que recoge un conjunto de medidas, reformas e inversiones, articuladas en diez ejes estratégicos, siendo uno de ellos el de la garantía de los derechos de ciudadanía en el nuevo entorno digital y estableciendo como meta una carta nacional sobre derechos digitales. De igual forma, uno de los ejes estratégicos de la Estrategia Nacional de Inteligencia Artificial de España, aprobada en diciembre de 2020, consiste en establecer un marco ético y normativo que refuerce la protección de los derechos individuales y colectivos, a efectos de garantizar la inclusión y el bienestar social.

En todo este marco, se ha elaborado la propuesta de Carta de Derechos Digitales, un documento que no tiene carácter

---

[95] Vid. Galán, C., «El derecho a la ciberseguridad», en AA.VV., *Sociedad Digital y Derecho*, cit., pp. 573 y ss.

normativo y que pretende plasmar los retos que la adaptación de los derechos al entorno digital plantea, así como sugerir principios y políticas referidas a ellos en el citado contexto. La Carta estructura los derechos en cinco grandes apartados: derechos de libertad, derechos de igualdad, derechos de participación y de conformación del espacio público, derechos del entorno laboral y empresarial y derechos digitales en entornos específicos. En términos generales, la Carta se refiere a 26 derechos y posee un apartado dedicado a los derechos digitales en el empleo de las neurotecnologías.

El 26 de enero de 2022, la Comisión Europea ha propuesto al Parlamento Europeo y al Consejo suscribir una declaración de derechos y principios que guiarán la transformación digital en la UE: La Declaración Europea sobre Derechos Digitales y Principios para la Década Digital. El proyecto de declaración sobre los derechos y principios digitales establece aspectos clave para la transformación digital, como poner a las personas y sus derechos en el centro, apoyar la solidaridad y la inclusión, garantizar la libertad de elección en línea, fomentar la participación en el espacio público digital, aumentar la seguridad y el empoderamiento. de las personas y promover la sostenibilidad del futuro digital.

En el campo de las neurotecnologías, una iniciativa interesante es la que se ha producido en Chile en relación con los neuroderechos[96]. Como es sabido se ha presentado una enmienda al artículo 19 n. 1 de la Constitución, que contempla el derecho a la vida y a la integridad física y psíquica de la persona. Pero también un proyecto de Ley sobre protección de los neuroderechos y la integridad mental, y el desarrollo de la investigación y las neurotecnologías.

Los objetivos de esta Ley se marcan en su artículo primero: «a) proteger la integridad física y psíquica de las personas, a

[96] Vid. al respecto Reche Tello, N., «Nuevos derechos frente a la neurotecnología: la experiencia chilena», en *Revista de Derecho Político, n. 112,* 2021, pp. 415 y ss.

través de la protección de la privacidad de los datos neuronales, del derecho a la autonomía o libertad de decisión individual, y del acceso sin discriminaciones arbitrarias a aquellas neurotecnologías que conlleven aumento de las capacidades psíquicas. b) fomentar la concordancia entre el desarrollo de neurotecnologías e investigación médico-clínica con los principios éticos de la investigación científica y médica y así sean favorables al bien y beneficio común. c) garantizar la información a los usuarios de neurotecnologías sobre sus potenciales consecuencias negativas y efectos secundarios, y el derecho al control voluntario sobre el funcionamiento de cualquier dispositivo conectado a su cerebro».

Pero como hemos visto, además de los derechos digitales y de los neuroderechos, las tecnologías convergentes plantean bioderechos e, incluso, derechos de los artefactos... Se trata de nuevos derechos o, también, de derechos antiguos adaptados a la realidad contemporánea que es necesario estudiar. Y en este punto, es preciso mirar los avances que se han producido en los últimos años en el campo de la genética y la bioética[97].

En este sentido es preciso, en primer lugar, saber cuales son estos derechos para, inmediatamente después estudiar su concepto y su fundamento, su papel en el ámbito jurídico nacional e internacional, los mecanismo de garantía eficaz... Es importante ver sus similitudes con la teoría estándar de los derechos humanos, comprobar que el sistema de garantías de los derechos es también eficaz para estos derechos o es necesario construir uno nuevo. Si se apoyan en los mismos valores, qué exigen a los poderes públicos y a la ciudadanía...

Y al mismo tiempo, es necesario comprobar que el gran objetivo de los derechos, esto es, la lucha contra la discriminación y, por tanto, contra las barreras que dificultan el desarrollo de una vida humana digna, sigue estando presente. Esto último exige tener presente en la construcción de estos nuevos

---

[97] Vid. Ienca, M., «Tra cervelli e macchine: riflessioni su neurotecnologie e su neurodiritti», en *notizie di Politeia, XXXV, 133*, 2019, p. 59.

derechos la idea de vulnerabilidad entendida, preferentemente, como situación pero también como condición y luchar contra los sesgos discriminatorios presentes no solo en la aplicación sino también en la propia comprensión del papel de las tecnologías convergentes[98]. Sin duda en esta temática, la cuestión de la discapacidad y su tratamiento permitirá ver si se está llevando a cabo un desarrollo desde un enfoque de derechos correcto[99].

Un reconocimiento de nuevos derechos requiere así de un plan de concienciación y de formación entorno a su importancia y, también, de la participación de la ciudadanía en la determinación de su sentido y alcance.

No tenemos tiempo que perder. El continuo avance de las tecnologías convergentes nos obliga a poner en marcha todas estas tareas en relación con los nuevos derechos.

---

[98] Vid. Mollo, A.A., «La vulnerabilità tecnologica. Neurorights ed esigenze di tutela: profili etici e giuridici», en *European Journal of Privacy Law & Technologies, 1*, 2021.

[99] Vid. Bariffi, F., «Inteligencia Artificial, derechos humanos y discapacidad. ¿Reflejo de los prejuicios humanos u oportunidad del transhumanismo?, en De Lorenzo García, R. y Pérez Bueno, L.C., *Nuevas fronteras del Derecho de la Discapacidad, vol. II,* Aranzadi, Pamplona, 2021, pp. 121 y ss.

ROBÓTICA, INTELIGENCIA ARTIFICIAL Y DERECHO[100]

La Inteligencia Artificial y la Robótica están de moda. Su uso y las posibles combinaciones con otras tecnologías emergentes plantean una serie de retos de indudable trascendencia. Como no podía ser de otra forma, esta importancia se ha proyectado también en el Derecho. Ciertamente, la relación del Derecho con estas tecnologías no ha hecho más que empezar y se ha realizado de manera casuística al hilo de su proliferación en el ámbito social.

Suelen citarse como primeros ejemplos de normas aplicadas a la Robótica, más allá de las famosas leyes de Asimov, aquellas destinadas a regular su uso en el campo militar[101]. En este sen-

[100] Una primera versión de este trabajo se publicó en la *Revista de Privacidad y Derecho Digital, n. 10*, 2018.

[101] Es conocido el informe elaborado por Ronald Arkin en 2007 para el pentágono («Governing Lethal Behavior: Embedding Ethics in a Hybrid Deliberative/reactive Robot Architecture», disponible en http://www.cc.gatech.edu/ai/robot-lab/online-publications/formalizationv35.pdf consultado el 17 de diciembre de 2021) en el que propone un sistema de control normativo con tres niveles (gobernador ético, adaptador ético y consejero de responsabilidad). Este mecanismo permite al robot tomar sus propias decisiones pero estas son respetuosas con los estándares internacionales que rigen el compor-

tido, existen normas sobre el uso de naves no tripuladas de uso militar en algunos ordenamientos jurídicos. En este campo, la Dirección General de Política Exterior de la Unión Europea, publicó el informe *Human rights implications of the usage of drones and unmanned robots in warfare*, elaborado por Nils Melzer, en el que se establecen una serie de recomendaciones[102] a tener en cuenta en la regulación de los drones militares[103].

Pero mucho antes de que aparecieran este tipo de reflexiones y propuestas, el Derecho había creado ya normas susceptibles de utilizar en este campo. Me refiero a normas presentes en la Robótica industrial y que se refieren a la seguridad, a la salud en el trabajo o a la calidad de fabricación[104]. En España

---

tamiento bélico. Vid. también Arkin, R.C., Ulam, P., y Wagner, A.R., «Moral Decision-making in Autonomous Systems: Enforcement, Moral Emotions, Dignity, Trust and Deception», *Proceedings of the IEE, vol. 100*, 2012.

[102] 1. En primer lugar, la Unión Europea debería hacer de la promoción del imperio de la ley en relación con el desarrollo, la proliferación y el uso de sistemas de armas no tripuladas una prioridad declarada de la política exterior europea. 2. En paralelo, la Unión Europea debe poner en marcha un amplio diálogo político intergubernamental con el objetivo de lograr un consenso internacional: (a) en las normas jurídicas que regulan la utilización de los sistemas de armas no tripuladas actualmente en funcionamiento, y (b) de las restricciones legales y/o reservas éticas esta última podrá aplicar en relación con el futuro desarrollo, la proliferación y el uso de sistemas de armas cada vez más autónomos. 3. Basado en el consenso internacional resultante, la Unión Europea debe trabajar hacia la adopción de un acuerdo internacional vinculante, o un código no vinculante de conducta, con el objetivo de restringir el desarrollo, la proliferación o el uso de ciertos sistemas de armas no tripuladas, en línea con el consenso alcanzado legal. Disponible en: http://www.europarl.europa.eu/RegData/etudes/etudes/join/2013/410220/EXPO-DROI_ET%282013%29410220_EN.pdf Consultado el 17 de diciembre de 2021.

[103] Por su parte, el informe del Relator Especial de Naciones Unidas sobre las ejecuciones extrajudiciales, sumarias o arbitrarias, Christof Heyns presentado en la Asamblea General de Naciones Unidas, en 2013, hace referencia a los robots autónomos letales. Disponible en http://daccess-dds-ny.un.org/doc/UNDOC/GEN/G13/127/77/PDF/G1312777.pdf?OpenElement (consultado el 15 de julio de 2014).

[104] No deben pasarse por alto la existencia de normas ISO sobre seguridad y calidad de los productos que se proyectan en la Robótica. Así por ejem-

la Ley de Patentes y Marcas, la Ley de Propiedad Intelectual, la Ley Orgánica de Protección de Datos, la Ley de Defensa de Consumidores y Usuarios o las normas generales sobre responsabilidad civil, son ejemplos de la existencia de normas que pueden entrar a regular aspectos de la Robótica y la Inteligencia Artificial.

Sin embargo, también es cierto que estas normas no alcanzan a regular los diferentes problemas que los robots plantean; sobre todo aquellos que resultan de su interacción con los seres humanos. Estas lagunas han provocado la aparición de grupos de investigación que estudian la manera de responder, por parte del Derecho, a estos nuevos retos.

Así, en Europa se ha desarrollado durante años un proyecto de investigación llamado ROBOLAW (http://www.robolaw.eu)[105] dirigido a estudiar la proyección de la Robótica y la Inteligencia Artificial en el Derecho. Se trata de un proyecto llevado a cabo por un grupo interdisciplinario, formado principalmente por juristas e ingenieros. Desde el proyecto se ha investigado como se relaciona la Robótica con los sistemas jurídicos nacionales y europeos, desafiando las categorías jurídicas tradicionales y planteando riesgos a los derechos y libertades fundamentales. El proyecto tenía un objetivo general y ambicioso: la regulación de las tecnologías robóticas emergentes. Sin embargo, la imposibilidad de tratar la Robótica como un campo homogéneo, debido a las peculiaridades de cada aplicación, obligaron a adoptar un enfoque caso por caso. El consorcio ROBOLAW decidió centrarse así en cuatro casos específicos: vehículos autónomos, robots quirúrgicos, prótesis robóticas y robots de cuidados.

---

plo la norma ISO 13482 sobre robots de cuidado personal. En esta norma, este tipo de robots son definidos como un «robot de servicio que realiza acciones que contribuyen directamente a la mejora de la calidad de vida de los seres humanos, sin incluir las aplicaciones médicas».

[105] Pueden consultarse los resultados de este proyecto en http://www.robolaw.eu/deliverables.htm

Los resultados de este proyecto constituyen un excelente punto de partida para el análisis de estas cuestiones y para el examen de la incidencia de la Robótica en el Derecho. No en vano, buena parte de sus resultados han servido de referencia a la resolución del Parlamento europeo de 16 de febrero de 2017[106], con recomendaciones destinadas a la Comisión sobre normas de Derecho civil sobre Robótica que, junto al Plan Nacional Estratégico de Investigación y Desarrollo en Inteligencia Artificial del Consejo Nacional de Ciencia y Tecnología de EEUU, de octubre de 2016[107], han constituido durante tiempo, los intentos más sistemáticos de formular el marco jurídico desde el que regular estas tecnologías. En la actualidad, a estas iniciativas hay que unir la Propuesta de Reglamento Europeo sobre el uso de la Inteligencia Artificial, que establece 4 categorías de tecnologías de Inteligencia Artificial según el riesgo que provoca su uso para los derechos fundamentales. Así se habla de riesgo inadmisible en relación los sistemas de Inteligencia Artificial que se consideren una clara amenaza para la seguridad, los medios de subsistencia y los derechos de las personas; de alto riesgo, que abarca las tecnologías de Inteligencia Artificial empleadas en infraestructuras críticas, en formación educativa o profesional, en componentes de seguridad de los productos, en servicios públicos y privados esenciales, en aplicación de normas, en gestión de la migración y asilo, y en administración de justicia y procesos democráticos; de riesgo limitado, que abarca sistemas de Inteligencia Artificial que interactúan con personas; y de riesgo mínimo, en donde entran la mayoría de los sistemas.

Pues bien, en este trabajo voy a referirme a algunos de los retos que estas tecnologías plantean al Derecho. Para ello comenzaré haciendo alusión al significado de la Inteligencia

---

[106] http://www.europarl.europa.eu/sides/getDoc.do?type=TA&reference=P8-TA-2017-0051&language=ES&ring=A8-2017-0005

[107] https://obamawhitehouse.archives.gov/blog/2016/10/12/administrations-report-future-artificial-intelligence

Artificial y de la Robótica, para con posterioridad, referirme a sus dos proyecciones principales en el Derecho. Por un lado, la proyección en la propia metodología jurídica y por otro la proyección en el contenido del Derecho. La primera de las proyecciones tiene que ver con la incidencia de estas tecnologías en el trabajo de los juristas; la segunda, con la manera con la que el Derecho debe regular su uso. En el tratamiento de esta segunda proyección me detendré en el examen de la cuestión de la responsabilidad. Terminaré el trabajo refiriéndome a los criterios generales que deben guiar el desarrollo de estas tecnologías.

1. INTRODUCCIÓN

Como es sabido, la Robótica es la ciencia y tecnología de los robots. Se trata de una combinación de muchas disciplinas científicas, cuyos campos de aplicación se están ampliando cada vez más[108].

Aunque suele citarse como inicio de la Robótica la invención de una máquina textil programable mediante tarjetas perforadas, la primera vez que se utiliza la palabra robot es en 1920 en una obra de teatro checa. Por su parte, el término Robótica se atribuye a Isaac Asimov quien a finales de los años 30 del siglo pasado crea las Leyes de la Robótica.

Actualmente, en el mundo hay más de un millón de robots que cumplen funciones diferentes y que están en hospitales, en las fábricas, en nuestras casas. Se trata de máquinas cada vez más inteligentes que pueden ser capaces de captar sensaciones y que algunos afirman que en el futuro podrán estar dotadas de conciencia propia[109].

---

[108] Vid. Barrientos, A. y Balaguer, C., *Fundamentos de robótica*, McGraw-Hill, Barcelona, 2007, pp. 27 y ss.

[109] Vid. en este sentido, entre otros, Brooks, R., *Flesh and Machines: How Robots Will Change Us*, Vintage, 2003.

El interés por la regulación ha acompañado siempre a esta tecnología[110]. Desde las Leyes que formula Asimov en 1942 hasta la propuesta de Reglamento europeo antes aludida, se han sucedido diferentes propuestas bien en forma de códigos éticos genéricos, bien como propuestas destinadas a regular aspectos concretos[111]. La atención del Derecho se ha centrado especialmente en el campo de la seguridad y la responsabilidad. Pero la evolución de la Robótica ha ampliado su proyección, sobre todo en lo referente a la interacción entre robot y ser humano, llegando incluso a plantearse la posible existencia de un nuevo campo jurídico.

Por su parte, la Inteligencia Artificial es una de las ciencias más recientes. Se origina poco después de la Segunda Guerra Mundial, y el nombre se acuñó en 1956[112], en una conferencia de John McCarthy en el Dartmouth College (New Hamspshire), en un foro donde Marvin Minsky, Claude Shannon y N. Rochester entre otros, discutieron sobre la posibilidad de simular la inteligencia humana mediante las máquinas.

No existe una única definición de Inteligencia Artificial. En efecto, en este campo, suelen hacerse referencia a cuatro posibles definiciones. Así la Inteligencia Artificial es una ciencia que pretende crear sistemas que, para algunos, piensen como humanos; para otros, actúen como humanos; para otros, piensen racionalmente; y para otros, actúen racionalmente[113].

También se distingue entre Inteligencia Artificial débil (las máquinas simulan que razonan) e Inteligencia Artificial fuerte

---

[110] La referencia a los robots no es algo nuevo, sino que viene de antiguo (vid. en el Derecho norteamericano las referencias a esta idea en el trabajo de Calo, R., «Robots in American Law», *University of Washington School of Law Research Paper No. 2016-04*. Lo nuevo son los problemas reales que su uso conlleva.

[111] Vid. mi libro *Una mirada a la robótica desde los derechos humanos*, Dykinson, Madrid, 2014, pp. 53 y ss.

[112] Vid. Russell, S. y Norvig, P., *Inteligencia Artificial: un enfoque moderno*, Pearson Educación, Madrid, 2004, p. 1.

[113] Vid. Russell, S. y Norvig, P., *Inteligencia Artificial: un enfoque moderno*, cit., pp. 2 y ss.

(las máquinas pueden razonar, pensar). Desde esta diferenciación, surge la pregunta de si las máquinas pueden realmente pensar; pregunta que dependerá del significado que demos a pensar.

En el campo de la Inteligencia Artificial, cuando se ha abordado la cuestión sobre la posibilidad de que las máquinas tengan inteligencia, se ha hecho planteando estas dos preguntas de manera provocativa: ¿Pueden volar las máquinas? ¿Pueden nadar las máquinas? Normalmente contestamos de forma afirmativa a lo primero y negativa a lo segundo. Sin embargo, sabemos que hay máquinas que se mueven por el cielo (por ejemplo, los aviones) y también máquinas que se mueven por el mar (por ejemplo, los submarinos). Así, «las respuestas no tienen mucho que ver con el diseño o con las características de los aviones o de los submarinos, y sin embargo sí tienen que ver mucho más con la forma en que se han elegido utilizar las palabras»[114].

En todo caso, la respuesta final dependerá de si adoptamos un punto de vista biológico o funcionalista. No vamos a entrar aquí en el examen de esta interesantísima discusión filosófica[115] que, como veremos más adelante, se ha proyectado también, en un sentido parecido, en la Robótica. Realmente no podemos saber si las máquinas pueden pensar o puedan llegar a pensar, pero lo que si que es cierto es que pueden actuar como si pensaran y que la Inteligencia Artificial ha avanzado mucho y contestado a los problemas que se han lanzado contra la posibilidad de que las máquinas actúen como los humanos[116].

---

[114] Russell, S. y Norvig, P., *Inteligencia Artificial: un enfoque moderno*, cit., p. 1076.

[115] Vid. Searle, J., *Minds, Brains and Science*, Harvard University Press, Cambridge, 1984; Searle, J., *The Rediscovery of the Mind*, MIT Press, Cambridge, 1992; Moravec, H.P., *Mind Children: The Furture of Robot and Human Intelligence*, Harvard University Press, Cambridge, 1988; Churchland, P.S., *Neurophilosphy: Toward a Unified Science of the Mind-Brain*, MIT Press, Cambridge, 1982.

[116] Vid. Russell, S. y Norvig, P., *Inteligencia Artificial: un enfoque moderno*, cit., pp 1078 y ss. En este punto resulta obligado citar el test de Turing.

«Some Speculation about Artificial Intelligence and Legal Reasoning» de Bruce G. Buchanan y Thomas E. Headrick[117], es el trabajo que normalmente se cita para hacer referencia a la primera vinculación entre Inteligencia Artificial y Derecho. A partir de ahí, numerosos autores han abordado esta problemática[118] y existen varias iniciativas de revistas científicas entre las que destaca la *Artificial Intelligence and Law* de Springer[119].

La conexión entre Robótica e Inteligencia Artificial, plantea retos importantes al Derecho. Pues bien, de las definiciones antes presentadas, voy a destacar dos proyecciones sobre lo jurídico de estas dos tecnologías: la proyección metodológica (la posible utilización de estas técnicas en la metodología de los operadores jurídicos) y la proyección material o de contenido (como abordar el comportamiento de máquinas, con programas de Inteligencia Artificial, que actúan en la sociedad)[120].

La primera proyección tiene que ver con su uso en el campo jurídico, esto es, con su utilización en la práctica del Derecho o, en definitiva, en la metodología jurídica. La segunda proyección tiene que ver con su uso y presencia en el ámbito social. Desde esta proyección, esta tecnología aparece como un asunto o problema jurídico.

Vid. Turing, A.M., «Computing Machinary and Intelligence», en *Mind 49*, 1950, pp. 433 y ss.

117 Publicado en *Stanford Law Review, vol. 23, n. 1*, 1970, pp. 40 y ss.

118 Vid. la evolución de la proyección de la Inteligencia Artificial en el Derecho, con importantes referencias bibliográficas, en Casanovas, P., «Tecnología, Inteligencia Artificial y Web Semántica. Un mundo para todos y para cada uno», en Fabra, J. y Spector, E. (eds.), *Manual de Filosofía y Teoría del Derecho, T. I, cap. XXV*, Universidad Nacional Autónoma de México, México, 2013, pp. 467 y ss.

119 https://link.springer.com/journal/10506

120 En un sentido parecido, en relación con la Inteligencia Artificial, se ha distinguido entre la proyección que sirve de auxilio al acceso a los textos jurídicos por parte de los operadores (metodología) y la que sirve de ayuda a resolver problemas. Galindo, F. y Lasala, P., «Metodología para el desarrollo de sistemas jurídicos de Inteligencia Artificial: el prototipo ARPO-2 como ejemplo», *Scire, n.1:2*, 1995, pp. 81 y 82.

2. LA PROYECCIÓN METODOLÓGICA: INTELIGENCIA ARTIFICIAL (Y ROBÓTICA) Y METODOLOGÍA JURÍDICA

Señalaba en el punto anterior como no existía una única definición de Inteligencia Artificial y cómo suelen destacarse cuatro posibles concepciones. Pues bien, si hay algo común a las cuatro es considerar que la Inteligencia Artificial ayuda a hacer algo de manera correcta, adecuada o con éxito. Aplicar esto al Derecho obliga a plantearnos qué significa lo correcto, lo adecuado o el éxito. Todos estos términos son términos relativos, esto es, términos que se entienden respecto a un sistema de referencia.

Desde un punto de vista general, la primera idea que aparece en el Derecho relacionada con estos términos tiene que ver con la idea de validez. Lo correcto o lo adecuado desde un punto de vista jurídico, es lo válido. Ahora bien, lo jurídicamente válido, como es bien sabido, no se corresponde siempre con lo éticamente correcto; y existen quienes condicionan la validez del Derecho a su corrección ética o quienes señalan que lo éticamente correcto debe inspirar al Derecho. Además, no está claro que el Derecho funcione sólo con el binomio válido/inválido.

La Inteligencia Artificial cuando se proyecta en el Derecho debe escoger una determinada comprensión de éste, esto es, una determinada manera de entender el fenómeno jurídico desde la que determinar aquello que se va a tomar como referencia.

Por otro lado, hacer algo de manera correcta y exitosa, puede significar cosas distintas en el Derecho dependiendo, por ejemplo, de quien es el operador que se lo plantea (el juez, el abogado…) o cuál es el problema (encontrar información, asesorar, decidir…).

Si nos fijamos en estos problemas asociados a lo correcto o lo exitoso en el Derecho, podremos observar que se trata de cuestiones que se resuelven de manera diferente dependiendo de la Teoría del Derecho que se maneje, de la comprensión de las profesiones jurídicas, de las Teorías de la Argumentación y de la Interpretación... De esta manera el desarrollo de la Inteligencia Artificial en el Derecho debe ir de la mano de este tipo de estudios que permiten ver la complejidad del fenómeno jurídico. Si la Inteligencia Artificial Jurídica quiere parecerse a la inteligencia del operador jurídico, debe tener en cuenta los referentes desde los que trabaja dicho operador.

La proyección de la Inteligencia Artificial en el Derecho puede abarcar diferentes campos siendo uno de ellos el de las profesiones jurídicas. En este campo, la Inteligencia Artificial puede ser utilizada en tareas comunes a cualquier profesión; pero también puede utilizarse en el campo particular de la metodología jurídica.

En términos generales la proyección de la Inteligencia Artificial en la metodología jurídica ha seguido dos caminos: el de la creación de sistemas expertos basados en la legislación y en la aplicación de las normas jurídicas[121], y el del tratamiento de los datos disponibles que ha tenido como consecuencia la creación de sistemas de Inteligencia Artificial de finalidad predictiva[122]. Más recientemente se está imponiendo una nueva práctica que complementa a las anteriores: el *machine learning*[123]

---

[121] Como por ejemplo *Neota Logic* (https://www.neotalogic.com) o *A2J Author* (https://www.a2jauthor.org).

[122] Como por ejemplo *KIRA* (https://kirasystems.com) o *Juristat* (https://www.juristat.com/about/). Según Galindo y Lasala, «todos los sistemas jurídicos de Inteligencia Artificial deben ser sistemas de acceso a información/conocimiento jurídica/o. Bien que esta/e información/conocimiento jurídica/ o se encuentre recogida/o en forma de esquemas o frases, bien de documentación jurídica. Se subdividen, atendiendo a la función o actividad jurídica a la que auxilien, en: sistemas orientados a la aplicación, sistemas orientados a la interpretación, sistemas orientados a la construcción de dogmas y sistemas orientados a la construcción de teorías normativas». «Metodología para el desarrollo de sistemas jurídicos de Inteligencia Artificial: el prototipo ARPO-2 como ejemplo», cit., p. 86.

[123] Como por ejemplo *Watson* de IBM (http://www-03.ibm.com/marketing/mx/watson/what-is-watson/) o *Azure* de Microsoft.

(máquinas que mejoran su funcionamiento a medida que van reiterando sus operaciones), que tiene ya aplicaciones en el campo del Derecho[124] y que en el futuro se complementará con el *Deep Learning*.

De hecho, la Inteligencia Artificial está presente desde hace tiempo en despachos de abogados mejorando tanto su gestión interna cuanto sus relaciones con los clientes. Últimamente se empieza a utilizar en este ámbito para optimizar las estrategias de los casos. Según la encuesta *Law Firms in Transition Surve* de 2017 elaborada por la consultora Altman Weil, un 8% de los despachos norteamericanos utilizan herramientas de Inteligencia Artificial, y un 30% están explorando como hacerlo. Y en los despachos de más de 1000 abogados el 54,6% utilizan estas herramientas.

En el ámbito español se está produciendo también esta tendencia tanto en las grandes firmas como en pequeños despachos especializados en este tipo de aplicaciones. Lo más extendido son aplicaciones que tienen que ver con la gestión y documentación de los casos, pero también se empiezan a extender experiencias sobre su análisis y tratamiento. Incluso se ha llegado ya a hablar de la presencia del abogado robot[125].

Para muchos, la introducción de la Inteligencia Artificial en el campo del Derecho, al igual que en otros sectores, va a tener como resultado la sustitución de los operadores jurídicos por

---

124 Como por ejemplo *Jurimetría* (http://jurimetria.wolterskluwer.es/content/Inicio.aspx), *Luminance* (https://www.luminance.com)., *Vlex Analytics* (http://promos.vlex.com/analytics/) , *Legaldata* (http://legal-innovation.com/legal-data-inteligencia-artificial-y-big-data-juridico/) , o *Tirant Analytics* (https://analytics.tirant.com/analytics/).

125 El caso más conocido es el de Ross (versión jurídica del sistema de computación cognitiva de IBM Watson) que si bien es presentado por algunos como un abogado robot, es un buscador de jurisprudencia y documentación legal muy avanzado que se ha especializado en quiebras y concursos de acreedores, y que es capaz de responder preguntas jurídicas complejas.

las máquinas[126]. Es pronto para pensar en que esto pueda producirse ya que hay algunas dificultades difíciles de superar, por ahora, por la Inteligencia Artificial. Seguramente las tareas más repetitivas o las de búsqueda de información, son las que más rápido podrán ser sustituidas; pero aparecerán nuevos campos de trabajo fruto de estos cambios que supondrán oportunidades para los juristas.

En todo caso, lo que sí está claro es que la Inteligencia Artificial va a poner en peligro el trabajo de aquellos operadores que no se adapten a las nuevas tecnologías. Y de igual forma, va a provocar un nuevo cambio en la enseñanza del Derecho; un cambio que hará perder valor a la acumulación de conocimiento especializado y subrayará la importancia de la adquisición de conocimientos generales y habilidades argumentativas, estratégicas y emocionales.

2.1. ALGUNAS DIFICULTADES

La Inteligencia Artificial en el campo del Derecho se va a ir imponiendo en todo aquello que tenga que ver con la gestión de asuntos, con la búsqueda y el tratamiento de la información, con la definición de las estrategias e incluso con la resolución de problemas jurídicos sencillos. Sin embargo, más difícil será su proyección en el campo del razonamiento o de la argumentación y, sobre todo, en la resolución de casos complejos. Y es que, la introducción de este tipo de tecnologías en el campo jurídico no es algo sencillo por diversas razones, algunas de ellas de índole técnico y otras más bien de índole actitudinal o cultural. Destacaré tres.

Por un lado, el carácter cerrado del operador jurídico, poco proclive a abrirse a espacios científicos y mucho menos a aque-

126 Vid. Susskind, R., *Tomorrow´s Lawyers: An Introduction to Your Future*, Oxford University Press, 2013. Y del mismo autor: *The End of Lawyers?: Rethinking the nature of legal services,* Oxford University Press, 2010.

llos que implican formalizaciones lógicas o matemáticas. Por otro, la consideración de que la argumentación de los juristas o la manera en la que se actúa y se decide en el campo del Derecho, es una actividad muy compleja que no es posible formalizar. Por último, la existencia de diferentes teorías sobre el Derecho, sobre la argumentación, sobre la interpretación, sobre la justicia, que dificultan enormemente estandarizar y universalizar los razonamientos.

La cultura jurídica, tanto la continental cuanto la anglosajona, ha sido siempre una cultura codificada, y no me refiero a la existencia de códigos sino más bien a la utilización de un lenguaje codificado en muchas ocasiones incomprensible para los no juristas. La consideración del Derecho como una disciplina alejada del principio de causalidad y presidida por el de imputación, ha subrayado su carácter voluntarista y rechazado los intentos de convertir en ciencia a su metodología. Y ello a pesar del peso de ciertos principios y ciertas representaciones jurídicas que parecen ir en un sentido contrario. Por ejemplo, el principio de seguridad jurídica, la idea de certeza o la célebre visión del juez como boca muda que pronuncia las palabras de la ley, son maneras de presentar al Derecho que facilitan la formalización de su metodología. Aun así, los intentos de formalización del Derecho como categoría, representados por algunos planteamientos positivistas, fueron criticados por parte del positivismo científico y considerados como expresión de tomas de posición y no de tomas de posesión (utilizando la famosa terminología bobbiana)[127].

La decisión jurídica, y más en concreto la judicial, ha permanecido en alguno de sus campos, oculta a cualquier control de índole racional. Buen ejemplo de ello lo constituye la forma de presentar durante mucho tiempo el razonamiento judicial sobre los hechos.

---

127 Vid. Bobbio, N., *Contribución a la Teoría del Derecho*, Fernando Torres, Valencia, 1980, p. 87.

Durante cierto tiempo, los estudios sobre la argumentación jurídica coincidían en resaltar como su campo de análisis se proyectaba en los argumentos de calificación jurídica[128]. Sin embargo, en la actualidad, la investigación del razonamiento jurídico sobre los hechos ha cobrado una singular importancia[129].

Como he señalado en otro lugar[130], este tipo de investigaciones tiene que superar, entre otras, dos tipos de dificultades. La primera es el resultado de entender que las decisiones sobre los hechos se llevan a cabo en el ámbito de un discurso teórico con lo que su análisis no puede hacerse con las herramientas propias de las teorías de la argumentación, al desenvolverse estas en el ámbito del discurso práctico[131]. La segunda es el resultado del hecho de que este tipo de decisiones, escapan en muchas ocasiones del control jurídico y permanecen por este motivo ocultas en la conciencia de quien decide. Detrás de estas dificultades late la idea de que la decisión sobre hechos no es una decisión susceptible de análisis racional y, por tanto, ni puede ser justificada racionalmente ni puede ser controlada por el Derecho[132].

Sin embargo, se trata de dos dificultades que deben ser superadas. La diferenciación entre la motivación de los hechos

[128] Vid. Martínez García, J.I., *La imaginación jurídica*, Debate, Madrid 1992, p. 93.

[129] Vid. por ejemplo, en España, desde perspectivas diferentes, Igartua Salaverría, J., *Valoración de la prueba, motivación y control en el proceso penal*, Tirant Lo Blanch, Valencia 1994; Calvo, J., *Derecho y narración*, Ariel, Barcelona 1996; Gascón Abellán, M., *Los hechos en el Derecho*, Marcial Pons, Madrid, 1999.

[130] Vid. «Sobre la motivación de los hechos», en *Anuario de Filosofía del Derecho, vol. XVIII,* 2001, pp. 36 y ss.

[131] Vid. Alexy, R., *Teoría de la argumentación jurídica*, trad. de M. Atienza e I. Espejo, Centro de Estudios Constitucionales, Madrid, 1989, pp. 177 y ss.

[132] «...el Tribunal debe abstenerse de recoger en su narración histórica la resultancia aislada de las pruebas practicadas... y con mucho mas motivo el análisis o valoración de las mismas, totalmente ocioso e innecesario, dada la soberanía que la ley concede para dicha valoración y que debe permanecer incógnita en la conciencia de los juzgadores y en el secreto de las deliberaciones....». Sentencia del Tribunal Supremo de 10 de febrero de 1978 (RA 417).

y la motivación de la calificación jurídica no es equiparable sin más a la distinción entre hechos y normas. Los referentes para aceptar uno u otro argumento pueden ser distintos pero, en realidad, poseen un sentido genérico muy parecido. En principio es posible pensar que los hechos pueden ser verdaderos o falsos, mientras que las normas válidas o inválidas. No obstante, los hechos determinados en la decisión son hechos probables cuya virtualidad depende precisamente del grado de probabilidad. Ciertamente, su incursión en el ámbito de la sentencia altera ese carácter convirtiéndose en hechos ciertos al ser así determinados por una autoridad (siendo esto, por otro lado, uno de los rasgos que sirven para individualizar el razonamiento jurídico). Pero nótese que una cuestión similar ocurre con las normas. En efecto, aunque su análisis suele hacerse en términos de validez, conviene ser conscientes de que la idea de validez jurídica es una idea formal que descansa así en la decisión del órgano competente. Sólo de esta manera es posible dar cuenta de cómo, cuando en un caso hay varias interpretaciones en juego que toman como referencia la misma norma, prevalece la del juez, o de cómo cuando existen distintas opciones normativas a escoger prevalece igualmente la elección del juez.

En todo caso, tanto la decisión fáctica como la de calificación utilizan reglas y enunciados normativos que deben ser justificados. Eso sí, los mecanismos de justificación pueden ser distintos y de igual manera el esquema justificatorio. Sin embargo, existen grandes similitudes que permiten establecer marcos argumentativos o modelos de argumentos jurídicos[133].

Por otro lado, es conocida la reticencia de los juristas al estudio o el empleo de la lógica, al menos de la lógica formal. Y ello a pesar de habernos inventado una lógica, la lógica de los juristas, que se desenvuelve en términos de razonabilidad, de

---

133 Vid. de Asís, R., *El juez y la motivación en el Derecho*, Dykinson, Madrid, 2005, p. 37

sentido común[134]; y a pesar también de no parar de utilizar términos que pretenden acercarnos a ella (como las «reglas de la lógica», el «razonamiento lógico», etc...).

Vaya por delante que, en términos generales, el discurso jurídico es un discurso de argumentos que funcionan en apoyo de tesis. Con ello quiero decir que es imposible formalizar en términos de lógica formal la discusión jurídica. Los operadores jurídicos utilizamos argumentos a favor o en contra de una tesis, pero ésta no se deduce lógicamente de los argumentos; como mucho, se trata de conclusiones razonables. Aun así, existen ciertas exigencias de racionalidad cuyo control otorga cierto papel a la lógica en el razonamiento jurídico. Papel que se ve potenciado al ser el razonamiento jurídico, en definitiva, un tipo de razonamiento humano.

De igual manera, la cultura jurídica preponderante rechaza sobre el papel todo intento de acercar el Derecho a las matemáticas o a disciplinas conexas. Sirva de ejemplo la escasa acogida que ha tenido siempre la utilización manifiesta de la probabilidad en la determinación de los hechos[135].

Siempre que se alude a esta utilización, se suele citar el caso *People vs Collins* de la Corte Suprema de California[136]. Se trata del caso de una anciana asaltada por la calle por unos desconocidos, de los cuales sólo existen dos testimonios: el de la anciana que dice haber visto a una joven rubia huir y el de un testigo que dice haber visto a una joven blanca con los cabellos rubios y coleta huir en un coche amarillo conducido por un joven negro con barba y gafas. Poco después la policía detuvo a una pareja que respondía a esa descripción. Así, en el proceso, la acusación llamó a un experto en estadística para que, asumien-

---

134 Vid. Bobbio, N. y Conte, A., *Derecho y lógica. Bibliografía de lógica jurídica (1936-1960)*, UNAM, México, 1965.

135 Me he referido a esta problemática en *Sobre el razonamiento judicial*, McGraw-Hill, Madrid 1998, pp. 87 y ss.

136 Recogido en *California Reporter, 1966, vol. 66*, pp. 497 y ss. Vid. sobre este caso: Alonso García, E., *La interpretación de la Constitución*, Centro de Estudios Constitucionales, Madrid, 1984, p. 543.

do que el hecho había sido cometido por una joven blanca con cabellos rubios y coleta y que había huido en un coche amarillo conducido por un joven negro con barba y gafas, examinara la probabilidad real de los detenidos fueran los autores del hecho. Se individualizaron seis características relevantes (coche amarillo, hombre con gafas, mujer con coleta, mujer con cabellos rubios, hombre negro con barba, pareja de hombre negro y mujer blanca en un coche) y los valores de la probabilidad de cada característica se multiplicaron. Así se llegó al resultado de que una, de cada doce millones de parejas, tenían esas características, concluyendo en que existía una posibilidad sobre doce millones de que los detenidos, que tenían todas las características, fueran inocentes. La Corte de los Ángeles condenó basándose en ese estudio. Pero la Corte Suprema corrigió la decisión, apoyándose principalmente en los dos siguientes motivos. En primer lugar, afirmando que no había prueba que confirmara cada una de las probabilidades individuales ni que los seis factores fueran estadísticamente independientes[137]. En segundo lugar, afirmando que ese tipo de análisis había apartado al tribunal de su verdadera función de valorar la prueba, existiendo la posibilidad de que hubiera alguna pareja con esas características en Los Ángeles o incluso que los testimonios fueran falsos.

El caso suele citarse como ejemplo para apartar el uso de la probabilidad del Derecho. Ahora bien, es importante darse cuenta de que ninguna de las razones que utiliza el Tribunal invalida el apoyo en este tipo de estudios, no tanto como forma de decisión automática sino más bien como un instrumento más de la valoración.

[137] En efecto, la Corte de Los Ángeles, aplicó una regla del cálculo de probabilidades referida a sucesos independientes. En este ámbito se afirma que dos sucesos son independientes cuando la ocurrencia de uno de ellos no altera la probabilidad del otro. Así, la regla dice: la probabilidad de que ocurran simultáneamente dos sucesos independientes es igual al producto de la probabilidad de dichos sucesos. El problema, obviamente, radica en la determinación de cuándo los sucesos son independientes, ya que si no lo son, varía la regla de probabilidad a emplear.

Con estos precedentes, no puede chocarnos que exista cierta desconfianza en relación con los intentos de aproximar la Inteligencia Artificial al Derecho. Y a ello contribuye además la afirmación de que el razonamiento jurídico es muy complejo y es imposible de formalizar o de intentar que una máquina lo realice[138]. Así, se afirma que, en este razonamiento, además de conocimientos previos y básicos, participa el sentido común y ciertas habilidades que se adquieren con el tiempo[139].

No obstante, como ya he señalado, la Robótica y la Inteligencia Artificial han conseguido crear máquinas que aprenden y adquieren habilidades a base de realizar prácticas. Pero es que, además, el razonamiento jurídico debe ser capaz de expresarse y ser objeto de evaluación y control, lo que implica la existencia de algunos referentes básicos desde los cuales sea posible realizar esa tarea. Es decir, la existencia de modelos o parámetros desde los que evaluar la argumentación y la motivación. Pues bien, es posible afirmar que estos referentes pueden servir de base a la Inteligencia Artificial aplicada a la metodología jurídica (tal y como señalaba que se está haciendo), esto es, al razonamiento jurídico.

2.2. ALGUNOS RASGOS COMUNES

Existen muchos tipos de aproximación de la Inteligencia Artificial al Derecho y a la metodología[140]. Algunos de ellos tratan de alcanzar soluciones a problemas que se plantean al ope-

[138] Vid. Barona Villar, S., *Algoritmización del Derecho y de la Justicia. De la Inteligencia Artificial a la Smart Justice,* Tirant Lo Blanch, Valencia 2021.

[139] En este punto resulta obligado citar el trabajo de Dreyfus, H.L., *What computers can't do : a critique of artificial reason,* Harper and Row, New York 1976. Y también, Dreyfus, H.L. y Dreyfus, S.E., *Mind over Machine*, Free Press, New York, 1986.

[140] Vid. Casanovas, P., «Tecnología, Inteligencia Artificial y Web Semántica. Un mundo para todos y para cada uno», cit., pp. 480 y ss.

rador jurídico. Para ello necesitan del análisis de casos y de prácticas. Pero también, la utilización de sistemas o programas de Inteligencia Artificial que colaboren con el profesional del Derecho y se ajusten a su metodología, requiere, entre otras cosas, de una base de conocimientos (documentos jurídicos entre los que destacan las fuentes directas o indirectas de Derecho, los casos y conceptos jurídicos fundamentales) y de unas reglas o prácticas del razonamiento jurídico. En este sentido, como ya advertía antes, este sistema debe ser consciente de la existencia de diversas teorías sobre el Derecho, sobre la argumentación, sobre la interpretación..., y ser permeable a ellas[141]. Esto es una necesidad, pero a la vez un reto. La idea de norma válida, o si se quiere, de fuente válida (normas, sentencias, costumbres, doctrinas), condiciona todo el uso de los materiales que podemos considerar como conocimiento. Ahora bien, el binomio válido-inválido, resulta insuficiente en este punto ya que, en el discurso jurídico se utilizan normas o razones que no son ni lo uno ni lo otro. Y algo parecido ocurre con los conceptos jurídicos, cuyo significado no siempre está claro y no existe acuerdo en la comunidad jurídica. De ahí la importancia del análisis de casos.

En todo caso, en el Derecho tampoco hay acuerdo sobre si existe una metodología que caracteriza la actuación de los operadores jurídicos. No obstante, es posible destacar algunas características de este actuar que podemos pensar que están siempre presentes.

La determinación de estas características se ve facilitada en el Derecho por el hecho de que buena parte del razonamiento de los operadores jurídicos, a diferencia de lo que ocurre en otros ámbitos, se expresa por escrito y puede, de esta manera, ser reconstruido. Principalmente ocurre esto en relación con las profesiones jurídicas que participan en los litigios. En este sentido, aunque desde la distinción entre contexto de descubrimiento

---

[141] Vid Susskind, Richard. *Expert Systems in Law,* Oxford University Press, Oxford, 1989, p. 20.

y contexto de justificación[142] pueda discutirse que el razonamiento manifestado en un escrito (demanda, auto, sentencia...) es el realmente realizado, su análisis y utilización, puede servirnos de base para la elaboración de ciertos rasgos comunes en la metodología de los operadores jurídicos (el discurso jurídico se desenvuelve tomando como referencia los argumentos manifestados y muy pocas veces entra examinar los realmente realizados).

En lo que sigue voy a dar cuenta de algunos rasgos que sirven para caracterizar la metodología jurídica. Se trata de rasgos que todo intento de replicar la argumentación jurídica debe tener en cuenta. Ahora bien, son rasgos que deben acompañarse, como ya he subrayado de otras técnicas, conocimientos, construcciones....

El primero de los rasgos se representa a través de la idea de autoridad. El discurso jurídico, a diferencia de otros discursos, es un discurso de «autoridades»[143]. En la discusión jurídica no toda razón o argumento posee el mismo valor. Un argumento basado en una norma jurídica válida posee un peso mayor que otro que no lo está, y un argumento alegado por una determinada institución, por ejemplo, el Tribunal constitucional en materias constitucionales, posee mayor valor que el defendido por cualquier otra. La idea de autoridad preside la argumentación jurídica y con ella cobran sentido dos principios que están en la base de la comprensión del fenómeno jurídico: el de jerarquía y el de competencia. La posibilidad de clasificar las normas y las instituciones en superiores e inferiores es un rasgo del discurso jurídico, como lo es también la posibilidad de diferenciar normas e instituciones competentes de las incompetentes. La jerarquía (normativa e institucional) y la competencia (normativa e institucional, son dos principios esenciales en el campo de la metodología de los operadores jurídicos[144].

---

[142] Vid. Reichenbach, H., *Experience and Prediction*, University of Chicago Press, Chicago, 1938, pp. 7 y 8.

[143] Vid. mi libro *Sobre el razonamiento judicial*, cit., pp. 87 y ss.

[144] De hecho, una de las primeras enseñanzas que trasladamos a los estudiantes de Derecho en las aulas universitarias es, precisamente, la necesidad

Por otro lado, y de manera muy simple, en la resolución de un caso podemos encontrarnos en dos tipos de situaciones. Bien podemos tener un exceso de información, de razones, esto es, de normas; bien podemos encontrarnos en una situación de insuficiencia de información, es decir, de falta de normas[145]. Pues bien, en el primero de los casos, el operador se ve obligado a ir rechazando opciones y lo hace, en términos generales poniendo al límite su validez para el caso en cuestión, lo que está estrechamente relacionado con la reducción al absurdo. En el segundo de los casos, el operador argumenta analógicamente, esto es, busca razones que valgan para casos similares y examina su validez para el caso en cuestión. Así, el razonamiento por reducción al absurdo y la analogía son los dos principales tipos de razonamiento jurídico y, en este sentido, son las dos principales estrategias metodológica de los operadores jurídicos.

De igual forma, en el discurso jurídico, la idea de igualdad, que se manifiesta en el campo del razonamiento a través del respeto al precedente, constituye otro rasgo fundamental. En efecto, en el campo jurídico, las razones que se han utilizado para resolver casos semejantes al que uno se está planteando, constituyen argumentos a tener en cuenta, y ello con independencia del valor jurídico real que se dé al precedente en el ámbito judicial. El respeto al precedente, que no implica resolver dos casos de manera igual sino justificar por qué no se hace, es una exigencia muy valorada en la práctica jurídica y por la sociedad. Además, es una exigencia que no solo se apoya en el principio de igualdad (tanto como exigencia de no discriminación cuanto como exigencia de diferenciación), sino también en el de seguridad jurídica (saber a qué atenerse) y en el de prohibición de arbitrariedad (exigencia de apoyo

de «mirar hacia arriba» (a las normas superiores) cuando utilizan normas y argumentan con ellas.

145 Vid. Atienza, M., «Para una teoría de la argumentación jurídica», en *Doxa, n.* 8, 1990, p. 55.

en razones válidas y de una argumentación racional y razonable)[146].

La importancia de los precedentes supone dotar de relevancia a aquellas razones que sirven para justificar la tesis que se defiende o la decisión. Estas razones (que conforman la *ratio decidendi*), poseen una formulación general en forma de enunciados normativos (producto de la interpretación de fuentes normativas) y una vez utilizadas, son susceptibles de utilización en el futuro[147].

Estos enunciados funcionan como premisa mayor del razonamiento que, en el campo jurídico, suele describirse a través de la técnica de la subsunción. Como es sabido, la técnica de la subsunción ha servido durante mucho tiempo para identificar precisamente al método jurídico. La técnica de la subsunción, como método jurídico, consiste en afirmar que la decisión jurídica puede ser representada como fruto de un razonamiento presidido por una premisa mayor, una norma compuesta por un supuesto de hecho y una consecuencia; y una premisa menor, un hecho, que se corresponde con el supuesto de hecho de la premisa mayor; llegándose así a la conclusión, que no es otra que la consecuencia de la premisa mayor. Ciertamente, no tiene sentido reducir todo el método jurídico a una operación tan simple como la anterior. En muchas ocasiones no se sabe cuál es la premisa mayor, o ésta se interpreta, o directamente, a través de un razonamiento, se crea; en otros casos no se tiene absoluta certeza de los hechos o de su correspondencia con los descritos en una norma... No obstante, conviene advertir que, a pesar de todo ello, la idea de la subsunción, aunque sea en un sentido amplio, va a estar siempre presente.

---

[146] Y ello a pesar de la doctrina sobre el precedente y sobre la igualdad en la aplicación de la Ley mantenida por nuestro Tribunal Constitucional. Vid. su Sentencia 90/93 de 15 de marzo, fj. 3°. Me he referido a esta problemática en «Imparcialidad, igualdad y obediencia en la actividad judicial», en *Doxa, n. 15-16,* 1994, pp. 913 y ss.

[147] Vid. De Asís, R., *Jueces y normas,* Marcial Pons, Madrid, 1995, pp. 242 y ss.

La subsunción en un sentido amplio, lo que exige es ser capaz de dar siempre una razón jurídica (en forma de norma o de cualquier otro material jurídico) en apoyo de la decisión que se adopte respecto a un caso, problema o hecho. De esta manera es la garantía última de la no arbitrariedad que, como es sabido y he subrayado antes, constituye uno de los rasgos irrenunciables de nuestra idea de Derecho. La prohibición de la arbitrariedad en el marco de la argumentación implica exigir siempre que toda decisión interpretativa se apoye en una razón válida.

Esta razón coincide en algún caso con una norma, pero en la mayoría de los casos es el resultado de la interpretación de un material jurídico o creación del propio operador desde el conocimiento jurídico o general (lo que antes se denominaba como enunciados normativos). Así, resulta relevante conocer no sólo las normas, sino los métodos interpretativos y justificatorios.

El modelo representado por este esquema argumentativo, compuesto por dos elementos (enunciado y caso) que forman una regla y por las razones que avalan esta regla, es común a los tres tipos principales de razonamiento jurídico: deductivo, inductivo y abductivo o por hipótesis[148].

De esta forma, subsunción y modelos argumentativos, respeto al precedente, reducción al absurdo, analogía, enunciado normativos que son *ratio decidendi*, jerarquía y competencia son referentes básicos de la metodología jurídica.

Además, como vengo apuntando, la metodología jurídica está presidida por la interpretación. La interpretación de las normas constituye la actividad principal de los operadores jurídicos. Ahora bien, existen dos grandes maneras de entender la interpretación. Por un lado, está la de aquellos que consideran que interpretar es encontrar el significado de una norma; por otro está la de quienes consideran que interpretar es atribuir significado a una norma[149]. No cabe duda que el manejo de una

---

[148] Vid. De Asís, R., *Sobre el razonamiento judicial*, cit., pp. 33 y ss.

[149] Vid. Guastini, R., *Estudios sobre la interpretación jurídica*, trad. de M. Gascón y M. Carbonell, UNAM, México, 2001, pp. 13 y ss.

u otra concepción condiciona la descripción de la metodología jurídica. Aun así, en el campo de la interpretación de normas podemos establecer algunas pautas generales. Por ejemplo, la existencia e importancia que tienen los criterios y argumentos interpretativos.

Existen un número importante de criterios y argumentos[150] si bien, entre todos ellos, destacan los contenidos en el artículo 3,1 del Código Civil: el literal, el histórico, el teleológico, el sociológico y el sistemático. Se trata de pautas que justifican la interpretación de las normas y cuyo manejo refuerza las tesis o las soluciones que se propongan.

A pesar de que no existe una jerarquía entre estos criterios (salvo en determinados ámbitos del Ordenamiento jurídico), es posible destacar la fuerza de dos de ellos en el discurso jurídico general: el criterio literal y el sistemático. Así, no puede considerarse como válida la interpretación que contradice el significado literal de una norma superior (pauta que deja de tener relevancia cuando los enunciados de las normas son indeterminados). También destaca la relevancia de los Tratados internacionales cuando interpretamos normas de derechos (en virtud de lo dispuesto en el artículo 10,2 de la Constitución) o también, en estos casos, el valor del contenido esencial (que, aunque aparece vinculado al desarrollo normativo de los derechos, funciona también como pauta interpretativa). Igualmente, los pasos que caracterizan a los denominados como juicio de razonabilidad y de relevancia o los de los principios de ponderación y proporcionalidad (juicios y principios que se han formalizado de manera precisa en decisiones y estudios)[151].

---

150 Vid. De Asís, R., *Jueces y Normas,* cit., pp. 186 y ss.

151 Vid. por ejemplo, Bernal Pulido, C., *El principio de proporcionalidad y los derechos fundamentales*, Centro de Estudios Políticos y Constitucionales, Madrid 2003; Carrasco Perera, A., «El juicio de razonabilidad en la justicia constitucional», en *Revista Española de Derecho Constitucional, 11*, 1984, pp. 39 y ss.

Pero también, el operador jurídico interpreta hechos. La interpretación de los hechos es la principal actividad del operador jurídico en campos como el del Derecho penal, que está presidido por dos principios: el de estricta legalidad penal (que relativiza al máximo la importancia de la interpretación de las normas) y el de presunción de inocencia (que, unido al anterior, pone directamente el punto de mira en los hechos). Pues bien, en el campo de la interpretación de los hechos adquiere relevancia lo que en otros lugares he denominado como criterios de justificación. Se trata de argumentos que sirven para dar fuerza a las decisiones que se toman en el ámbito de los hechos. Los criterios de justificación más importante son la inducción, la razonabilidad o la autoridad. De forma muy resumida, y siendo conscientes de las posibles variantes que pueden tener estos criterios, el criterio inductivo apoya una interpretación de los hechos en la inducción, la razonabilidad en la reducción al absurdo y la autoridad en una persona o en una institución[152].

Mis reflexiones anteriores han tratado de exponer algunos de los rasgos presentes en la metodología de los operadores jurídicos. Como se habrá advertido, son pocos y, en ocasiones, muy genéricos. Más allá de ellos, la actuación de los operadores jurídicos es difícil de formalizar y, además, variará según el operador jurídico que sea o de la concepción de la interpretación que se maneje, de la idea de verdad... Difícilmente podemos pensar que exista una única interpretación o una única solución.

Aun así, desde estos rasgos es posible construir modelos y marcos argumentativos que, junto a otras técnicas, herramientas y disciplinas, faciliten la proyección de las tecnologías emergentes y, más en concreto, de la Inteligencia Artificial, en la metodología jurídica[153].

---

152 Vid mi libro *El juez y la motivación en el Derecho*, cit., pp. 80 y ss.

153 Vid. Gardner, A., *Artificial Intelligence Approach to Legal Reasoning*, MIT Press, 1987, pp. 22 y ss.

Señalé al comienzo de este punto como esta proyección se estaba ya haciendo y extendiendo en algunos sectores jurídicos. La complejidad del razonamiento sigue siendo un problema. Además, el carácter nacional de muchos campos jurídicos constituye otro de los problemas de su extensión. Y, por encima de todo lo anterior, la variedad de las profesiones jurídicas y de las ramas jurídicas, son también factores que dificultan el avance de esta proyección[154].

La argumentación en el ámbito del Derecho penal, o del Derecho civil, o del Derecho constitucional coinciden en muchos aspectos, probablemente en todos los que señalaba con anterioridad. No obstante, también se diferencian en otros de singular importancia. Por citar solo un ejemplo, la interpretación en sede constitucional se caracteriza por la escasa importancia que tienen los criterios literal y sistemático (que son precisamente los más relevantes en la interpretación jurídica general), por la concepción que se maneje de la Constitución (como herramienta para la uniformidad o como herramienta para la pluralidad). Pero también es cierto que sabemos de estas variables y que esta información puede en cierto sentido ser introducida en sistemas de Inteligencia Artificial.

Por otro lado, no cabe pensar que todo el discurso jurídico puede explicarse en términos de racionalidad. En muchos casos, la actividad del jurista escapa del campo de lo racional y da entrada a sentimientos y emociones[155]. Existen actividades jurídicas en las que la empatía o las relaciones interpersonales son muy relevantes. Cada vez se estudia más el papel de otro tipo de inteligencia, la emocional, en el Derecho y en las profesiones jurídicas. Y esta inteligencia no es posible proyectarla, por ahora, en la Inteligencia Artificial (es más, se considera que

---

[154] Vid. Nieva Fenoll, J., *Inteligencia Artificial y proceso judicial*, Marcial Pons, 2018.

[155] Vid. MacCormick, N., *Legal Reasoning and Legal Theory*, Clarendon Press, Oxford 1978, pp. 33 y ss.

la Inteligencia Emocional será el complemento fundamental a la Inteligencia Artificial).

Del mismo modo, no cabe duda de que la argumentación de un juez y la de un abogado coinciden en muchos puntos, pero difieren en aspectos sustanciales derivados de los principios que rigen su actividad y que los definen. Así, por citar solo uno de esos aspectos, la argumentación del juez debe ser imparcial, mientras que la del abogado se rige por el interés en la defensa de los derechos de su cliente. Y obviamente, esto condiciona su argumentación.

Esta diferencia tiene además importancia en una problemática que, como ya hemos visto, ha venido acompañando desde siempre la proyección de estas tecnologías en el Derecho: la responsabilidad. Un mal uso de esta tecnología puede repercutir en el razonamiento y, finalmente, en la resolución de un caso. Y obviamente, esto tendrá consecuencias tanto para un abogado como para un juez. Ahora bien, podemos pensar que en el caso primero puede ser un riesgo que se quiera correr, pero en el segundo puede ser un riesgo que no se deba correr. Tal vez por esto, la Inteligencia Artificial está más presente en los despachos de abogados que en los Tribunales de Justicia[156].

3. LA PROYECCIÓN MATERIAL O DE CONTENIDO. LA ROBÓTICA (Y LA INTELIGENCIA ARTIFICIAL) COMO PROBLEMA JURÍDICO: LA RESPONSABILIDAD

La proyección material de la Robótica y la Inteligencia Artificial tiene que ver con los retos, en forma de problemas o

[156] No en vano se ha afirmado que «la aplicación de las tecnologías de Inteligencia Artificial en el ámbito legal debe poner su énfasis en desarrollar sistemas que ayuden a los profesionales del Derecho a resolver problemas legales, más que a resolverlos por sí mismos». Galindo, F. y Lasala, P., «Metodología para el desarrollo de sistemas jurídicos de Inteligencia Artificial: el prototipo ARPO-2 como ejemplo», cit., p. 80

materias, que su uso plantea al Derecho. Terminaba precisamente el punto anterior haciendo referencia a uno de ellos, el de la responsabilidad. Y es que ha sido precisamente este tema, el de la responsabilidad, el que ha presidido buena parte de la reflexión jurídica sobre estas tecnologías, seguido del de las consecuencias, principalmente laborales, de la sustitución del ser humano por la máquina[157].

En realidad, en este punto, lo que nos plantea la Robótica y la Inteligencia Artificial son problemas éticos que requieren, en muchas ocasiones, de una respuesta jurídica[158]. J.P. Sullins, se he referido a una serie de grandes cuestiones éticas abiertas que plantea la Robótica[159]: las aplicaciones militares, la privacidad, la agencia y responsabilidad moral, la repercusión de los robots asistenciales, sexuales, sociales o médicos, los vehículos autónomos, y el problema del medio ambiente. P.M. Asaro, por su parte, se ha referido a tres grandes asuntos: los sistemas incorporados en los robots, las personas que diseñan y utilizan robots, y cómo la gente trata a los robots[160]. Lin, Abney y Bekey

[157] Vid. Balkin, J.M., «The Path of Robotics Law», *California Law Review Circuit, vol. 6*, 2015, pp. 45 y ss. La respuesta a las cuestiones anteriores exige, con carácter preliminar, contestar a dos preguntas: ¿por qué queremos robots?; ¿qué tipos de robots queremos? Se trata de preguntas que admiten diferentes respuestas. No obstante, hay respuestas que desde ya debemos desechar. Así, aunque en un principio pueda parecer otra cosa, no buscamos robots para que se comporten como seres humanos. Es cierto que desde la Antigüedad el ser humano ha estado interesado en fabricar objetos que nos imitaran (Vid. Wiener, N., *Cibernética*, Guadiana, Madrid 1971, p. 80), pero siempre, lo que se ha buscado es la perfección que, como es sabido, es algo alejado de lo humano. No buscamos algo que puede equivocarse o que sea movido por sentimientos. Buscamos un robot predecible, lógico, servil, perfecto; en definitiva, algo suprahumano.

[158] Vid. Asaro, P.M., «Robots and Responsibility from a Legal Perspective», disponible en http://www.peterasaro.org/writing/asaro%20legal%20perspective.pdf.

[159] Vid. Sullins, J.P., «Introduction: Open Questions in Roboethics», en *Philosophy & Technology, vol. 24*, 2011, pp 233 y ss.

[160] Asaro, P.M., «What Should We Want From a Robot Ethic?», en *IRIE, International Review of Information Ethics, vol. 6*, 12/2006, pp. 9 y ss.

se refieren a tres grandes áreas de problemas éticos: (i) Seguridad; (ii) Jurídico-ética (responsabilidad, privacidad), y (iii) Social (pérdida de puestos de trabajo, dependencia, medio ambiente)[161]. Bostrom y Yudkowsky aluden a dos grandes cuestiones: (i) el papel de los robots en la ética de los seres humanos; (ii) el estatus moral de los robots[162].

Por su parte, el proyecto ROBOLAW ha identificado cinco temas que tienen una gran influencia en la regulación de la Robótica: 1) la salud, la seguridad, el consumidor y la regulación ambiental; 2) responsabilidad (incluida la responsabilidad y responsabilidad del producto en ciertos sectores); 3) derechos de propiedad intelectual (tanto para el robot mismo como para las obras creadas por el robot); 4) privacidad y protección de datos; y 5) capacidad para realizar transacciones legales, por ejemplo, si los agentes inteligentes pueden celebrar contratos.

Pues bien, en este trabajo me voy a centrar en la cuestión de la responsabilidad que es, sin lugar a dudas, aquella que más ha interesado al mundo jurídico y que se proyecta sobre el resto[163]. Su análisis nos llevará al estudio del status ético y jurídico del robot que, a su vez, nos lleva a volver a plantearnos la cuestión de la identidad humana.

---

[161] Vid. Lin, P., Abney, K. y Bekey, G., «Robot ethics: Mapping the issues for a mechanized world», 2011, disponible en http://digitalcommons.calpoly.edu/cgi/viewcontent.cgi?article=1020&context=phil_fac Consultado el 12 de junio de 2014.

[162] En sentido similar vid. Bostrom, N. y Yudkowsky, E., «The Ethics of Artificial Intelligence», en http://www.nickbostrom.com/ethics/artificial-intelligence.pdf (consultado el 10 de julio de 2013), p. 1. Vid. también sobre el tema Calo, M.R., «Robots and Privacy», en Lin, P., Abney, K y Bekey, G.A. (eds.), *Robot Ethics, The Ethical and Social Implications of Robotics*, MIT Press, Cambridge 2012, pp. 187 y ss. Vid. en la misma obra Bekey, G.A., «Current Trends in Robotics: Technology and Ethics», pp. 20 y ss., y Brynjolsson, E. y Mcfee, A., *Race Against the Machine*, Digital Frontier Press, 2011. Levy, D., «The Ethics of Robot Prostitutes», pp. 223 y ss.

[163] Vid. Díaz Alabart, S., *Robots y responsabilidad civil*, Reus, Madrid, 2018.

En los sistemas jurídicos actuales, los robots no pueden ser considerados responsables por los daños que causen. Otra cosa ocurre con fabricantes, propietarios o usuarios de estas tecnologías. Estos pueden ser considerados responsables de los daños producidos por los robots siempre y cuando quede demostrado un vínculo entre su comportamiento y el daño causado. La demostración de ese vínculo no es tarea sencilla por una serie de factores que más adelante señalaré. Por eso, la regulación de la responsabilidad por los daños ocasionados por robots resulta problemática y tiene que buscar un equilibrio entre intereses de fabricantes, usuarios, terceros e investigadores[164].

El análisis de la responsabilidad se ha centrado bien en la industria, bien en el robot, bien en su propietario[165]. ROBOLAW ha diferenciado estas tres tendencias generales señalando como en el primero de los casos, se ha propuesto limitar la responsabilidad de los creadores de los robots como una manera de impulsar la innovación en la industria robótica, reduciendo los temores de los costes relacionados con la responsabilidad. Por su parte, el segundo de los caminos ha conducido a proponer el reconocimiento de una cierta personalidad jurídica unido a la necesidad de establecer un registro de robots. La propuesta surge por la existencia de robots con capacidad de aprendizaje que pueden así reaccionar de manera impredecible. Así la «personalidad electrónica» se considera un enfoque plausible para los robots que muestran un cierto grado de autonomía e interactúan con las personas. Por último, la tercera de las tendencias ha propuesto centrar la responsabilidad en el propietario, utilizando fórmulas como la de la responsabilidad por daños acompañada de sistemas de seguros[166].

---

164 Vid. Zurita Martín, I.M., *La responsabilidad civil por los daños causados por los robots inteligentes como productos* defectuosos, Reus, Madrid 2020.

165 Palmerini, E., «Robótica y derecho: sugerencias, confluencias, evoluciones en el marco de una investigación europea», en *Revista de Derecho Privado, n. 32,* enero - junio de 2017, pp. 53 y ss.

166 Además, ROBOLAW, señala como hay otra variable introducida por algunos estudios que proponen instaurar la capacidad del razonamiento

En este sentido, es la responsabilidad por producto defectuoso la regulación que se ha afirmado puede proyectarse sobre los robots. Esta responsabilidad se encuentra en España regulada en los artículos 135 a 149 del Real Decreto Legislativo 1/2007, de 16 de noviembre, por el que se aprueba el texto refundido de la Ley General para la Defensa de los Consumidores y Usuarios y otras leyes complementarias (en consonancia con la normativa de la Unión Europea).

El concepto legal de producto se recoge en el art. 136 de La Ley General para la Defensa de los Consumidores y Usuarios: «Se considera producto cualquier bien mueble, aun cuando esté unido o incorporado a otro bien mueble o inmueble, así como el gas y la electricidad». Por su parte, el artículo 137 se refiere al producto defectuoso: «1. Se entenderá por producto defectuoso aquél que no ofrezca la seguridad que cabría legítimamente esperar, teniendo en cuenta todas las circunstancias y, especialmente, su presentación, el uso razonablemente previsible del mismo y el momento de su puesta en circulación. 2. En todo caso, un producto es defectuoso si no ofrece la seguridad normalmente ofrecida por los demás ejemplares de la misma serie. 3. Un producto no podrá ser considerado defectuoso por el solo hecho de que tal producto se ponga posteriormente en circulación de forma más perfeccionada»[167].

---

moral en los sistemas autónomos, para que puedan enfrentarse a situaciones inesperadas y reaccionar apropiadamente ante los imprevistos. Este resultado puede alcanzarse equipando a los robots con un código de conducta que les permita tomar decisiones morales (vimos al comienzo como esto se proponía en el campo de los drones militares y actualmente en los vehículos autónomos). La perspectiva de los robots inteligentes debe tenerse en cuenta, pero no es una solución independiente que resolvería todos los conflictos posibles. Tal vez se reducirían los daños, pero no se eliminaría el problema de la atribución de responsabilidad por daños y perjuicios.

[167] Una alternativa a esta manera de entender el producto defectuoso es la que aparece en el Derecho norteamericano y es conocida como el *risk-utility test*, en virtud del cual un producto se considera defectuoso si el riesgo que supone supera a los beneficios que se obtienen con su uso. Vid. Henderson, J.R. y Twerski, A., «Closing the American products liability frontier: The Rejec-

En cuanto a los sujetos responsables con carácter general, el art. 135 de la Ley que estamos comentando, señala: «Los productores serán responsables de los daños causados por los defectos de los productos que, respectivamente, fabriquen o importen». Y el art. 138 señala quien puede entenderse como productor: «1. A los efectos de este capítulo es productor, además del definido en el artículo 5, el fabricante o importador en la Unión Europea de: a) Un producto terminado. b) Cualquier elemento integrado en un producto terminado. c) Una materia prima. 2. Si el productor no puede ser identificado, será considerado como tal el proveedor del producto, a menos que, dentro del plazo de tres meses, indique al dañado o perjudicado la identidad del productor o de quien le hubiera suministrado o facilitado a él dicho producto. La misma regla será de aplicación en el caso de un producto importado, si el producto no indica el nombre del importador, aun cuando se indique el nombre del fabricante».

Para probar la responsabilidad, el art. 139 de La Ley General para la Defensa de los Consumidores y Usuarios dice: «El perjudicado que pretenda obtener la reparación de los daños causados tendrá que probar el defecto, el daño y la relación de causalidad entre ambos».

Por otro lado, el art.140 establece las causas de exoneración de la responsabilidad: «1. El productor no será responsable si prueba: a) Que no había puesto en circulación el producto. b) Que, dadas las circunstancias del caso, es posible presumir que el defecto no existía en el momento en que se puso en circulación el producto. c) Que el producto no había sido fabricado para la venta o cualquier otra forma de distribución con finalidad económica, ni fabricado, importado, suministrado o distribuido en el marco de una actividad profesional o empresarial. d) Que el defecto se debió a que el producto fue elaborado conforme a normas imperativas existentes. e) Que el estado de los

---

tion of Liability without Defect», en *New York University Law Review, vol. 66, n. 5*, 1991, p. 1305.

conocimientos científicos y técnicos existentes en el momento de la puesta en circulación no permitía apreciar la existencia del defecto. 2. El productor de una parte integrante de un producto terminado no será responsable si prueba que el defecto es imputable a la concepción del producto al que ha sido incorporado o a las instrucciones dadas por el fabricante de ese producto. 3. En el caso de medicamentos, alimentos o productos alimentarios destinados al consumo humano, los sujetos responsables, de acuerdo con este capítulo, no podrán invocar la causa de exoneración del apartado 1, letra e)».

Este artículo restringe de alguna manera el concepto de producto sobre el que recae esta responsabilidad. Así, no lo es un producto que (i) no ha sido fabricado para la venta o cualquier otra forma de distribución con finalidad económica, ni fabricado, importado, suministrado o distribuido en el marco de una actividad profesional o empresarial; (ii) se ha elaborado conforme a normas imperativas existentes; (iii) era imposible apreciar la existencia del defecto a la vista del estado de los conocimientos científicos y técnicos existentes en el momento de su puesta en circulación.

Por último, es importante tener en cuenta también los artículos 145 y 146 de La Ley General para la Defensa de los Consumidores y Usuarios. En virtud del primero: «La responsabilidad prevista en este capítulo podrá reducirse o suprimirse en función de las circunstancias del caso, si el daño causado fuera debido conjuntamente a un defecto del producto y a culpa del perjudicado o de una persona de la que éste deba responder civilmente». Y según señala el segundo: «El proveedor del producto defectuoso responderá, como si fuera el productor, cuando haya suministrado el producto a sabiendas de la existencia del defecto. En este caso, el proveedor podrá ejercitar la acción de repetición contra el productor».

De esta manera, según la normativa española pueden ser responsables, al entrar dentro del concepto de productor, quien fabrica el producto en su totalidad, quien fabrica un elemento que se integra en el producto o fabrica una materia prima del producto siempre y cuando tengan que ver con el daño. Pero también pueden ser responsables los proveedores en determinadas circunstancias. E incluso el perjudicado si participa en la producción del daño por efecto del producto. Ahora bien, la normativa no aclara cómo se reparte la responsabilidad en el caso en el que concurran varios de ellos.

Y respecto al producto defectuoso se trata de cualquier bien mueble, aun cuando esté unido o incorporado a otro bien mueble o inmueble, así como el gas y la electricidad, siempre y cuando: (i) no ofrezca la seguridad que cabría legítimamente esperar, teniendo en cuenta todas las circunstancias y, especialmente, su presentación, el uso razonablemente previsible del mismo y el momento de su puesta en circulación; (ii) no ofrezca la seguridad normalmente ofrecida por los demás ejemplares de la misma serie.

Pero como decía antes, la proyección de esta normativa en el ámbito de la Robótica no es una tarea sencilla. Su aplicación tiene que enfrentarse con una serie de problemas entre los que destacaré cuatro[168]. En primer lugar, la complejidad de los productos y sistemas tecnológicos en cuya configuración participan muchas personas que no tienen control ni siempre comprensión del dispositivo[169]. En segundo lugar, la creciente autonomía que exhiben estas máquinas y su capacidad de aprendizaje hace que en ocasiones su comportamiento no sea predecible, esto es realicen «comportamientos emergentes»[170], poniendo en jaque uno de los grandes principios de la responsabilidad por daños: el control sobre la acción del producto. En tercer lugar, la gran variedad de usos y entornos en donde pueden desarrollar su actividad los robots, que dificulta enormemente la posibilidad de predecir situaciones por parte del pro-

---

[168] Vid. RoboLaw, *Guidelines on Regulating Robotics*, disponible en http://www.robolaw.eu.

[169] Vid. Wallach, W., «From Robots to Techno Sapiens: Ethics, Law and Public Policy in the Developments of Robotics and Neurotechnologies, en *Law, Innovation and Technology*, *3(2)*, 2011, pp. 185 y ss.

[170] Vid. RoboLaw, *Guidelines on Regulating Robotics*, cit.

ductor. Y, en cuarto lugar, la posibilidad de que los usuarios interfieran en el software[171].

La superación de estos problemas exige, por un lado, tener claro el concepto de producto y si es aplicable al de robot, y por otro, configurar un sistema de responsabilidad que sea capaz de evitar daños, identificar responsables, resarcir al perjudicado, todo ello sin perjudicar la innovación tecnológica.

El término «robot» puede significar diferentes cosas ya que no hay acuerdo sobre su significado ni entre los usuarios profesionales ni entre los legos. Tradicionalmente se considera que un robot es una máquina capaz de realizar acciones humanas con un cierto grado de autonomía.

En todo caso, las diferentes clasificaciones de los robots y de las máquinas[172], hacen visible la dificultad de encontrar un concepto de estos de carácter universal. Así, dados los diferentes tipos de robots, y las distintas situaciones en las que estos pueden desenvolverse, los intentos de alcanzar un concepto de éstos que sirva como referente para toda la legislación parecen estar condenados al fracaso.

Uno de los caminos que se han propuesto para comenzar a superar estos problemas consiste en el abandono de una visión ontológica de los robots para pasar a una visión funcional[173]. Esto implica dejar a un lado definiciones generales de robot

---

[171] Vid. Calo, M.R., «Open Robotics», en *Maryland Law Review*, vol. 70, 2011, pp. 571 y ss.

[172] John P. Sullins distingue entre telerobots (dependientes de un operador) y robots autónomos (no dependen). Sullins, J.P., «When Is a Robot a Moral Agent?», en *IRIE, International Review of Information Ethics, vol. 6,* 12/2006, pp. 25 y 26. Sobre las generaciones de robots y las posibilidades futuras, vid. Moravec, H., «The age of robots», disponible en http://www.frc.ri.cmu.edu/users/hpm/project.archive/general.articles/1993/Robot93.html. Vid. también de mismo autor «Robots, After All», en http://www.frc.ri.cmu.edu/~hpm/project.archive/robot.papers/2003/CACM.2003.html.

[173] Vid. Bertolini, A., «Robots and liability: Justifying a change of perspective», en Battaglia, F., Mukerji, N. y Nida-Rümelin, J. (eds.), *Rethinking Responsibility in Science and Technology*. Pisa University Press, 2014, pp. 143 y ss.

basadas en el grado de autonomía, y pasar a analizar las funciones que realiza el robot y como afectan a los individuos y a sus derechos con el objetivo de solucionar el problema de la responsabilidad. Con este cambio de perspectiva, la regulación de la robótica no exigirá un cambio completo de paradigma o el desarrollo de una nueva rama jurídica sino más bien la adaptación de las fórmulas existentes[174].

En el marco del proyecto ROBOLAW, se ha configurado una taxonomía de la Robótica que, al clasificar las características principales de los robots, intenta dar sentido a la pluralidad de usos y aplicaciones. La taxonomía consta de cinco categorías o clases: (i) Uso o tarea (finalidad o aplicación específica para la que está diseñado el robot, desde donde es posible diferenciar entre robots de servicio y robots industriales); (ii) El entorno (el exterior del robot, desde donde es posible diferenciar entre robots de entornos físicos y robots de entornos no físicos); (iii) La naturaleza (la forma en que un robot se manifiesta o existe, desde donde es posible diferenciar entre robots encarnados y robots no encarnados; (iv) La interacción humano-robot; (v) Autonomía (grado de independencia del robot, desde donde es posible diferenciar entre robots autónomos y semiautónomos). En este sentido, la regulación jurídica variará dependiendo del tipo de robot y de su interacción con los seres humanos y la sociedad en general.

Ahora bien, el establecimiento de una regulación eficiente de la responsabilidad en el campo de la Robótica, adoptando esa perspectiva funcional de la que hablábamos, puede requerir del reconocimiento de una cierta personalidad jurídica a los robots.

---

[174] Así, como ya hemos señalado, muchas de las normas existentes sobre la responsabilidad por daños pueden ser satisfactorias para regular la robótica .Vid. Bertolini, A., «Robots as Products: The Case for a Realistic Analysis of Robotic Applications and Liability Rules», 2013. Disponible en http://web.jus.unipi.it/summer-lisbon/wp-content/uploads/sites/3/2014/06/Bertolini_Robots-as-Products.pdf.

Se ha discutido mucho sobre la cuestión del estatus moral del robot, desde planteamientos que lo han considerado como objeto o paciente moral hasta planteamientos que lo han entendido como agente moral[175]. Y es que, el avance en la Robótica con la creación de humanoides capaces de aprender, razonar, sentir, ha provocado que desde algunas direcciones se hable de la posibilidad de considerarlos como verdaderos agentes morales e incluso como titulares de derechos.

Hasta ahora, los robots han sido siempre tratados como objetos y no como sujetos. Y ello con independencia de la función que cumplen que, si tiene relevancia moral, a lo sumo permitiría hablar de las máquinas como objetos morales o como pacientes morales, y de la existencia de obligaciones de cuidado hacia ellos.

En este sentido J. P. Sullins se ha referido a la posibilidad de hablar de agentes morales artificiales[176], señalando la existencia de tres teorías éticas que abren esta posibilidad. Por un lado, la posición ética de Peter Singer conectada con los animales[177], por otro, John Rawls y su Teoría de la Justicia (en concreto, desde la referencia a seres racionales no humanos

---

[175] Sobre el status moral de los robots vid. Bostrom, N. y Yudkowsky, E., «The Ethics of Artificial Intelligence», en http://www.nickbostrom.com/ethics/artificial-intelligence.pdf. Vid. también Sullins, J., «Artificial Moral Agency in Technoethics», en Luppicini, J.R. y Adell, R., (eds.), *Handbook of research on technoethics,* IGI Global, New York, 2009, p. 207.

[176] Separándolos en tres categorías: los agentes biológicos sintéticos, los agentes robot y el software. Sullins, J.P., «Artificial Moral Agency in Technoethics», cit., p. 207.

[177] La consideración de los robots con un status similar al de los animals ha sido defendida también en Schaerer, e., Kelley, R., y Nicolescu, M. en «Robots as Animals: A Framework for Liability and Responsibility in Human-Robot Interactions», 18th IEE International Symposium on Robot and Human Interactive Communication, Toyoma, Japón, 2009. Disponible en: http://ieeexplore.ieee.org/document/5326244/. Vid. también Bekey, G.A., «Current Trends in Robotics: Technology and Ethics», en Lin, P., Abney, K y Bekey, G.A. (eds.), Robot Ethics, The Ethical and Social Implications of Robotics, cit., p. 40.

que realiza al plantear el velo de ignorancia), y, por último, las llamadas éticas evolucionistas[178]. Por su parte C. Allen y W. Wallach se han referido también a los robots que toman decisiones que afectan a personas para bien o para mal (robots militares o robots de servicios) como agentes morales artificiales. Según estos autores, es posible introducir capacidad moral en el robot a través de dos vías: (i) de arriba abajo imponiendo una teoría moral; (ii) de abajo arriba introduciendo pautas de diferentes teorías. Sin embargo, más que agencia moral se refieren a funcionalidad moral. Esto es, algunos robots se caracterizan porque cumplen una determinada función moral[179].

Si no utilizamos un razonamiento de corte religioso, la consideración de los robots como sujetos morales exigiría que reunieran los rasgos que exigimos a éstos. Ahora bien, la determinación de cuáles son esos rasgos no es una cuestión pacífica. En todo caso, solemos emplear rasgos que tienen que ver con autonomía, voluntad, independencia, capacidad de razonar; pero se trata de rasgos que, como señalaba anteriormente, admiten grados, sin que exista un acuerdo al respecto. Además, no hace falta tener voluntad, o un determinado estado mental, o emociones, para ser agente moral[180]. Por otro lado, asociar la idea de sujeto moral a aspectos biológicos podrá dejar fuera, en línea de principio, a las máquinas, si bien esto se complica si pensamos en prótesis y en ciborgs…

En *Una mirada a la robótica desde los derechos humanos*, he tratado el problema del acercamiento de los robots a la idea de

---

[178] Sullins, J.P., «Artificial Moral Agency in Technoethics», cit., p. 208.

[179] Allen, C. y Wallach, W., «Moral Machines: Contradiction in Terms or Abdication of Human Responsibility?», en Lin, P., Abney, K y Bekey, G.A. (eds.), *Robot Ethics, The Ethical and Social Implications of Robotics*, cit., pp. 56 y ss.

[180] Vid. Floridi, L. y Sanders, J.W., «On the morality of artificial agents», *Minds and machines*, Volumen 14, Número 3, 2004, pp. 349 y ss. También Bostrom, N. y Yudkowsky, E., «The Ethics of Artificial Intelligence», cit., p. 8.

lo humano[181]. En todo caso, el reflejo de la idea de sujeto moral en el Derecho está constituido en cierta manera por la personalidad jurídica y más concretamente por la capacidad jurídica de obrar. Y es que el reconocimiento de personalidad jurídica sin capacidad de obrar es compatible con la idea de paciente moral y no con la de sujeto moral. Solo la idea de capacidad jurídica de obrar se corresponde con la de sujeto moral.

Y en este punto, conviene advertir que la capacidad jurídica de obrar no está asociada en el Derecho con lo humano. Existen organizaciones, personas jurídicas, que poseen esta capacidad.

En este sentido, el Parlamento Europeo se ha mostrado a favor del reconocimiento de personalidad jurídica a los robots. En concreto ha aconsejado «crear a largo plazo una personalidad jurídica específica para los robots, de forma que como mínimo los robots autónomos más complejos puedan ser considerados personas electrónicas responsables de reparar los daños que puedan causar, y posiblemente aplicar la personalidad electrónica a aquellos supuestos en los que los robots tomen decisiones autónomas inteligentes o interactúen con terceros de forma independiente». Para poder llevar esto a buen término, será necesario crear un registro de robots.

El reconocimiento de una cierta personalidad jurídica, acorde con los diferentes tipos y funciones de robot, y de un registro de éstos, contribuirá a la determinación de un sistema de responsabilidad más adecuado a las características de este fenómeno.

En todo caso, como ya he reiterado, la cuestión de la responsabilidad es una cuestión compleja debido a la imprevisibilidad de las consecuencias de las acciones y a la cantidad de personas involucradas (y susceptibles de ser responsables). Esto dificulta la determinación real del daño y con ello el establecimiento de responsabilidades. La forma de salir de este problema puede ser la de establecer un sistema de seguros

[181] Cit., pp. 78 y ss.

basados en el riesgo que tienen los posibles daños que pudiera realizar cada tipo de robot. Esta es precisamente la solución propuesta al problema de la responsabilidad por parte de algunos de los integrantes del proyecto ROBOLAW[182].

De esta forma, la regulación de la responsabilidad podría hacerse prestando atención no tanto al sujeto (robot, creador, propietario) sino al daño y al riesgo de que este se produzca, utilizando un sistema que gestione lo anterior y opere a través de un seguro. Una regulación de la responsabilidad, basada en este marco, requerirá de la realización de esfuerzos importantes, tanto de la industria como del mundo jurídico, en la determinación del riesgo, del daño y de sus consecuencias.

De manera complementaria a los seguros, se ha propuesto un sistema de compensación sin culpa que redujera los costes de los litigios, los tiempos de resolución y, al mismo tiempo, no frenara la innovación al eliminar incertidumbres. Ello se haría a través de la creación de un fondo.

La Resolución del Parlamento Europeo, de 16 de febrero de 2017, con recomendaciones destinadas a la Comisión sobre normas de Derecho civil sobre Robótica, llega a unas conclusiones parecidas. En efecto, en la resolución se señala: «una posible solución a la complejidad de la asignación de responsabilidad por los daños y perjuicios causados por robots cada vez más autónomos, podría ser el establecimiento de un régimen de seguro obligatorio, como ya se aplica, por ejemplo, en el caso de los automóviles; observa no obstante que, a diferencia del régimen de seguros en la circulación por carretera, en el que el seguro cubre tanto las actuaciones humanas como los

[182] Vid. Bertolini, A, Salvini, P., Pagliali, T., Morachiolli, A., Aceri, G., Trieste, L., Cavallo, F., Turchetti, G., y Dario, P., «On Robots and Insurance», en *International Journal of Social Robotics, vol. 8, 3*, 2016, pp. 381 y ss. Como se señala en este trabajo, no se trata de una solución sencilla: «Cada robot presenta diferentes tipos y niveles de riesgo, que dependen de cómo está hecho (su naturaleza, incluyendo tamaño, forma, peso, material, etc.), de lo que está haciendo (su función o tarea), de donde hace su labor (su entorno operativo) y de con quien interactúa (su relación con los seres humanos u objetos)».

fallos mecánicos, un sistema de seguros para robots debería tener en cuenta todas las responsabilidades potenciales en la cadena». Y continúa: «dicho sistema podría completarse con un fondo que garantizara la reparación de daños en los casos de ausencia de una cobertura de seguro». En este sentido, apuesta por «permitir que el fabricante, el programador, el propietario o el usuario puedan beneficiarse de un régimen de responsabilidad limitada si contribuyen a un fondo de compensación o bien si suscriben conjuntamente un seguro que garantice la compensación de daños o perjuicios causados por un robot». Para ello, la existencia del registro antes apuntado será esencial, ya que permitirá «crear un número de matrícula individual que figure en un registro específico de la Unión que asegure la asociación entre el robot y el fondo del que depende y que permita que cualquier persona que interactúe con el robot esté al corriente de la naturaleza del fondo, los límites de su responsabilidad en caso de daños materiales, los nombres y las funciones de los participantes y otros datos pertinentes».

Un caso especial de responsabilidad está constituido por su proyección en el ámbito de las profesiones jurídicas. Terminaba el punto sobre la Inteligencia Artificial haciendo referencia precisamente a esta cuestión. Así, a lo ya dicho, se une la regulación específica en materia de responsabilidad que, obviamente, posee sentidos diferentes dependiendo de la profesión jurídica de que se trate.

Resulta por ahora difícil pensar que alguien vaya a contratar los servicios de abogacía con un robot, entre otras cosas porque habría antes que resolver una serie de problemas como los de la habilitación del robot para ejercer o el reconocimiento de la capacidad jurídica del robot. Y lo mismo cabe decir de otras profesiones jurídicas, incluyendo, como no la del juez. Otra cosa es el que el abogado, el juez o cualquier otro profesional utilice la Inteligencia Artificial en su trabajo. En estos casos, el responsable frente al cliente o la comunidad seguirá siendo el profesional y no la máquina. De esta forma, la utilización de este tipo de tecnología tendrá más sentido en aquellas profesiones mercantilizadas y de ámbito privado, que en aquellas otras en las que hay dimensiones de servicio público. El componente empresarial de las primeras permitirá una valoración de los riesgos que difícilmente podrá realizarse en las segundas (o que de hacerse, ampliaría enormemente la idea de riesgo). En todos estos casos, existirá otra proyección que surgirá de la relación entre el profesional y la máquina, cuestión esta que se podrá resolver desde los parámetros que hemos señalado en este epígrafe.

4. PRINCIPIOS VALORES Y DERECHOS

El marco jurídico desde el que resolver la cuestión de la agencia y evaluar daños y riesgos variará según la naturaleza del robot, su función, con quien interactúa... No obstante, deberá poseer unos referentes que condicionen buena parte de las soluciones a las que se lleguen, y el comportamiento de aquellos que intervienen en la industria Robótica y también en la Inteligencia Artificial. Como expresa Cathy O'Neil, en su conocido libro, *Weapons of Math Destruction*, que lleva por subtítulo *How Big Data Increases Inequality and Threatens Democracy*, la utilización no controlada de la Inteligencia Artificial puede producir importantes discriminaciones[183].

La Resolución del Parlamento Europeo de 16 de febrero de 2017, ya citada, considera que los referentes éticos de la robótica deben ser: la seguridad y la salud humanas; la libertad, la intimidad, la integridad, la dignidad, la justicia, la equidad; la autodeterminación, la no discriminación, la no estigmatización; el consentimiento informado, y la protección de los datos personales; la transparencia, la responsabilidad individual, la responsabilidad social; los principios de beneficiencia y no maleficencia. En definitiva, se trata de los criterios éticos, políticos y jurídicos que rigen las sociedades contemporáneas: los

[183] Crown Publishers, New York 2016. Vid. también Mozorov, E., *La locura del solucionismo tecnológico,* Katz, Madrid, 2015.

derechos humanos. Así, los derechos humanos son los referentes que deben guiar y limitar la regulación jurídica de la Robótica y la Inteligencia Artificial[184].

Los derechos humanos expresan una teoría ética, política y social, que se sitúa frente a otras formas posibles de abordar la regulación de estas tecnologías. En efecto, puede hablarse de, al menos, otros tres posibles enfoques: el bioconservador, el neurodeterminista y el transhumanista.

El enfoque bioconservador subraya los grandes riesgos éticos, jurídicos y políticos que las tecnologías emergentes pueden generar y defienden la renuncia al desarrollo de ciertas tecnologías y el uso extendido del principio de precaución[185]. Por su parte, el enfoque neurodeterminista reconduce la moral a la biología y diluye la idea de responsabilidad. Por último, el enfoque transhumanista es una filosofía que pretende emplear la tecnología para la «mejora» humana prolongando la vida de las personas[186].

Pues bien, ninguno de estos tres enfoques, a pesar de llamar la atención sobre cuestiones de indudable relevancia, son capaces de combinar las oportunidades de estas tecnologías con una gestión de sus riesgos respetuosa con valores como la libertad o la igualdad.

El planteamiento bioconservador cierra las puertas del progreso tecnológico y con ello, verdaderas oportunidades de satisfacer necesidades y bienes que están detrás de los derechos.

El transhumanismo deja de lado cuestiones muy relevantes consecuencia de la aplicación de técnicas de mejora y sobreestiman lo que pueden lograr a través de la innovación tecnológi-

---

[184] La propuesta de Reglamento Europeo es clara al respecto al señalar como primer objetivo: «garantizar que los sistemas de IA introducidos y usados en el mercado de la UE sean seguros y respeten la legislación vigente en materia de derechos fundamentales y valores de la Unión».

[185] Vid Rifkin, *Algeny: A New Word—A New World*, Penguin, New York 1983, p. 252.

[186] Vid. Bostrom, N., «The Transhumanist FAQ. Versión 2.1 (2003)», *World Transhumanist Association*, disponible en www.transhumanism.org.

ca[187]. Ha señalado M. Sandel que el principal peligro del perfeccionamiento y la ingeniería genética no está en la disminución del esfuerzo y la capacidad[188] sino más bien «en que son el reflejo de una ampliación desmesurada del campo de la acción humana, de una aspiración prometeica a rehacer la naturaleza, incluida la naturaleza humana, para servir a nuestros propósitos y satisfacer nuestros deseos»[189].

Por su parte, el neurodeterminismo se basa en planteamientos no contrastados de forma suficiente. No está claro que la mente sea una cuestión únicamente físico-química ni que sea posible reducir el espacio de lo moral a condiciones biológicas, químicas o físicas[190]. Como ha señalado A. Cortina, «de la misma forma que hay bases psicológicas y sociales de la moral, hay también bases cerebrales, lo cual no significa que constituyan el fundamento de la vida moral»[191].

En cambio, el discurso de los derechos no se entiende sin el respeto a principios como el de la libertad y la igualdad. Así, tomar como referencia los derechos humanos implica: (i) adoptar una postura crítica ante los problemas de la humanidad; (ii) ponerse en el lugar del otro y partir del punto de vista de aquel que está en una situación de debilidad (que no tiene fuerza o poder); (iii) adoptar una serie de criterios que delimitan lo que puede estar justificado y lo que no, que se concretan ante los problemas específicos, y

---

[187] Peters, T., «H-: Transhumanism and the Posthuman Future: Will Technological Progress Get Us There?», Disponible en http://www.metanexus.net/essay/h-transhumanism-and-posthuman-future-will-technological-progress-get-us-there.

[188] Así por ejemplo, se ha afirmado que medicalizar los esfuerzos humanos puede debilitar nuestro sentido de la responsabilidad y minar nuestra voluntad de resolver los problemas de la vida. Vid. Fuchs, Th., «Ethical issues in neuroscience», en *Curr. Opin. Psychiatry 19*, 2006, pp. 600 y ss.

[189] Sandel, M., *Contra la perfección*, Marbot, Madrid, 2016.

[190] Vid. Cortina, A., *Neuroética y neuropolítica. Sugerencias para la educación moral*, Tecnos, Madrid, 2011, p. 72.

[191] Cortina, A., *Neuroética y neuropolítica. Sugerencias para la educación moral*, cit., p. 46.

que están presididos por la relevancia que tiene el ser humano y la vida digna.

De esta manera, el punto de vista de los derechos humanos como marco desde el que regular la Robótica y la Inteligencia Artificial, nos proporciona un punto de partida pero también nos impone límites a los posibles puntos de llegada. Estos límites tienen que ver con la protección de la autonomía y la satisfacción de las necesidades humanas.

El discurso de los derechos humanos se presenta como una ética de corte humanista y, por tanto, basada en el valor de los seres humanos y en la importancia de la vida humana digna[192]. Es una ética pública que asume entre sus primeros principios el imperativo categórico que H. Jonas ha considerado como propio de la sociedad del siglo XXI: «Obra de tal modo que los efectos de tu acción sean compatibles con la permanencia de una vida humana auténtica en la Tierra»[193].

Desde estos referentes irrenunciables, el discurso de los derechos humanos debe abrirse al desarrollo tecnológico y científico, y con ello: (i) no puede cerrar la puerta a toda intervención de mejora[194]; (ii) debe ser capaz de combinar el antropocentrismo con visiones ecocéntrica y biocéntricas, que implique el respeto a la vida y al ser en su conjunto[195]; (iii) debe atender a nuestra dimensión social y ser consciente de la

---

192 Sobre la necesidad de la reflexión ética centrada en derechos ante el avance de la tecnología vid. De Castro Cid, B., «Derechos humanos. Biotecnología. Derechos Humanos. Una compleja interacción circular», en Marcos del Cano, A. (coord.), *Bioética y derechos humanos*, UNED, 2012, pp. 52 y ss. También Marcos del Cano, A., «La bioética y el bioderecho desde los derechos humanos», en Marcos del Cano, A. (coord..), *Bioética y derechos humanos*, cit. pp. 19 y ss.

193 Jonas, H., *El principio de responsabilidad*, Herder, Barcelona, 1995, p. 40.

194 Vid. Dworkin, R., «Jugar a ser Dios. Genes, clones y suerte», en *Virtud Soberana,* Paidos, Barcelona, 2003, p. 496.

195 Vid. Rivero Weber, P., «Ciencia y Técnica: Hacia un nuevo humanismo bioético», en Alvarez del Rio, A. y Rivero Weber, P., *El desafío de la bioética*, Fondo de Cultura Económica, México, 2009, pp. 15 y ss.

importancia de las relaciones interpersonales para la consecución de una vida humana digna, configurando así una ética que tenga en cuenta al otro[196]; (iv) debe prestar atención a las generaciones futuras poniendo especial énfasis en la responsabilidad y la previsión, en una responsabilidad orientada hacia el futuro que nos permita progresar con cautela[197], esto es, en una responsabilidad intergeneracional[198]; (v) debe manejar una visión crítica con la idea de dignidad humana tal y como la hemos construido y concretado desde la modernidad y la ilustración, al estar basada en una concepción del ser humano y de la sociedad de carácter universal y muy vinculada con la idea la perfección[199]; (vi) debe ser igualmente crítica con la construcción tradicional de la igualdad, excesivamente ligada a la perspectiva formal, y partir de la diversidad como rasgo caracterizador de lo humano[200]; (vii) debe encontrar un equilibro ente seguridad y libertad, y con ello, realizar un ejercicio de ponderación entre en principio de precaución y la libertad de investigación[201].

---

[196] Vid. Cortina, A., «La conquista de la libertad. Una perspectiva neuroética», en Blanco Mercadé, A. y Núñez Cubero, M.P., *La bioética y el arte de elegir*, Asociación de Bioética Fundamental y Clínica, León 2013 p. 26.

[197] Vid. Jonas, H., *El principio de responsabilidad*, cit., pp. 230 y ss.

[198] Vid. la Declaración sobre las Responsabilidades de las Generaciones Actuales para con las Generaciones Futuras de la UNESCO. Disponible en http://www.unesco.org/cpp/sp/declaraciones/generaciones.htm.

[199] Vid. De Asís, R., «La incursión de la discapacidad en la teoría de los derechos: posibilidad, elección, Derecho y Poder», en Campoy, I. (ed.), *Los derechos de las personas con discapacidad: perspectivas sociales, políticas, jurídicas y filosóficas*, Dykinson, Madrid 2004.

[200] «La humanidad está formada por diversidad, de la misma manera que la naturaleza está llena de diversidad». Guibet Lafaye, C. y Romañach, J., «Diversity Ethics. An alternative to Peter Singer's ethics», en *Dilemata, n. 3,* 2010, p. 96

[201] El principio de precaución respalda la adopción de medidas protectoras respecto a ciertos productos o tecnologías que se sospecha crean un riesgo grave aunque no exista prueba científica de ello. J. Riechmann ha concretado el principio de precaución aludiendo a cinco virtudes: 1) Responsabilidad: el promotor de una actividad nueva tiene que probar que no hay una

El discurso de los derechos humanos proyectado en el campo de la Robótica y de la Inteligencia Artificial debe apoyarse y extraer pautas de los avances que se han producido en el campo de la bioética.

Como es sabido existen cuatro grandes principios bioéticos[202]. El principio de autonomía personal, por el que toda persona individual es un sujeto de derechos libre y autónomo y, por tanto, quién decide sobre las intervenciones que le afecten; el principio de beneficencia, que afirma que los agentes deben hacer todo lo posible para conseguir el bienestar de las personas; el principio de justicia que exige el respeto al principio de igualdad, por el que tiene que mantenerse un criterio igualitario en las actuaciones sanitarias; y el principio de no maleficencia, que prohíbe la realización de actividades que perjudiquen o dañen a los seres humanos. Todos estos principios son aplicables a la Robótica y a la Inteligencia Artificial.

---

alternativa más segura para lograr el mismo fin; 2) Respeto: si existe un riesgo grave, debe imponerse una actuación preventiva que evite daños (aunque no exista certeza de las relaciones causa-efecto); 3) Prevención: se deben crear instrumentos que eviten los daños potenciales antes de buscar controlarlos y gestionarlos una vez producidos; 4) Obligación de saber e informar: existe el deber de comprender, investigar, informar y actuar sobre los potenciales impactos; y 5) Obligación de compartir el poder: democratización de la toma de decisiones en relación con la ciencia y la tecnología. Riechmann, J., «Introducción: un principio para reorientar las relaciones de la humanidad con la biosfera», en Riechmann, J. y Tickner, J., (coords.), *El principio de precaución*, Icaria, Barcelona 2002, p. 25. Ahora bien, junto a este principio, es necesario situar otro que lo complemente y matiza, como es el de la libertad de investigación (que funciona como un derecho). En virtud de este principio, corresponde a los seres humanos decidir hasta dónde llegar con su investigación, si bien ésta debe respetar una serie de principios y servir a unos fines en coherencia con el marco ético antes aludido.

[202] Tres de ellos aparecen en el *informe Belmont* de 1978 del Departamento de Salud, Educación y Bienestar de los Estados Unidos y fueron luego desarrollados en 1979 por Tom L. Beauchamp y James F. Childress, en su libro *Principios de ética biomédica*, (trad. de T. Gracia, F. J. Júdez y L. Feito, Masson, Barcelona, 1999), añadiéndose un cuarto.

Como he señalado en *Una mirada a la robótica desde los derechos humanos*[203], desde el juego de estos principios y de aquellos otros que componen el discurso de los derechos humanos, cobran sentido tres afirmaciones generales y programáticas que son susceptibles de proyectar en el campo de las tecnologías emergentes, y por tanto de la Robótica y la Inteligencia Artificial:

«1. Los avances científicos y tecnológicos deben servir al bienestar de la humanidad, al desarrollo sostenible de todos los países, a la paz mundial y a la protección y conservación de la naturaleza.

2. El interés y el bienestar humano que prevalece sobre el interés exclusivo de la sociedad o de la ciencia, implica la promoción del respeto de la dignidad humana y la protección de los derechos humanos (entre los que se encuentran la vida y la integridad moral, la intimidad, el libre consentimiento, la elección de una forma de vida...).

3. El respeto de la dignidad humana supone defender la diversidad humana, el medio ambiente, la biosfera y la biodiversidad (obligando a la utilización sostenible de sus componentes y a la participación justa y equitativa en los beneficios que se deriven de la utilización de los recursos)».

[203] Cit., p. 56.

INTELIGENCIA ARTIFICIAL Y DERECHOS HUMANOS[204]

1. UNA CUESTIÓN ACTUAL

A finales de 2018, la Unión de Libertades Civiles de Nueva York, reveló que en 2017, el Software de Evaluación de Clasificación de Riesgos (RCA) que utilizaba desde 2013 el Servicio de Inmigración y Control de Aduanas de los Estados Unidos para ayudar a decidir, en procesos de deportación, si un inmigrante debía ser detenido o si podía ser puesto en libertad bajo fianza hasta el momento de la decisión definitiva, había sido manipulado para favorecer las detenciones.

El 24 de octubre de 2019, el periódico *El País*, publicaba que un equipo de investigadores había demostrado que un algoritmo usado para analizar los riesgos para la salud de millones de pacientes en EE.UU., discriminaba sistemáticamente a la población negra.

El 7 de noviembre de 2019, se celebró en Madrid, el *Foro Sanitas* sobre *El reto de la disrupción en medicina*, una de cuyas

---

[204] Una primera versión de este trabajo se publicó en los *Materiales de Filosofía del Derecho, n. 4*, 2020.

conclusiones fue que la Inteligencia Artificial nos permitirá hacer una medicina más humana.

Numerosos estudios has demostrado que existen empresas que discriminan en materia de precios a través de la Inteligencia Artificial y cómo las normas antidiscriminación no son eficaces contra esta práctica[205].

Un estudio publicado por el Berkman Klein Center de la Universidad de Harvard en septiembre de 2018, sobre Inteligencia Artificial y derechos humanos ha destacado la proyección de la Inteligencia Artificial en aspectos muy diferentes como pueden ser los procesos de préstamo, la salud, la contratación, la información...[206].

Ante esta realidad no cabe considerar que el uso de la Inteligencia Artificial no deba regularse o que esta regulación deba quedar en manos de las compañías tecnológicas.

2. ¿CÓMO REGULAR?

Una sola aplicación de Inteligencia Artificial puede impactar en una gran cantidad de derechos. En este sentido, es necesario alcanzar un consenso en relación con los referentes éticos desde los que afrontar la regulación de la Inteligencia Artificial.

Un estudio publicado por la Escuela Politécnica Federal de Zurich[207], llega a la conclusión de que existe un acuerdo global en torno a cinco principios éticos: transparencia, justicia y

---

[205] Vid. Zuiderveen Borgesius, F., «Algorithmic decision-making, price discrimination, and European non-discrimination law», disponible en https://papers.ssrn.com/sol3/papers.cfm?abstract_id=3413556.

[206] *Artificial Intelligence & Human Rights: Opportunities & Risks*, septiembre de 2018, Filippo A. Raso, Hannah Hilligoss, Vivek Krishnamurthy, Christopher Bavitz, Levin Kim, The Berkman Klein Center for Internet & Society. Universidad de Harvard.

[207] *Artificial Intelligence: the global landscape of ethics guidelines*, Health Ethics & Policy Lab, ETH Zurich , 2019.

equidad, no maleficencia, responsabilidad y privacidad. Ahora bien, en el estudio, se subraya que existen desacuerdos sustanciales en relación con la forma en que se interpretan estos principios, por qué se consideran importantes y cómo deben implementarse.

A la vista de ello cabe preguntarse si existe realmente dicho consenso. Y es que, como es sabido, en el campo filosófico existen dos grandes posturas (con muchas variantes en su interior) sobre como enfrentarse a las nuevas tecnologías. Por un lado están los bioconservadores, que subrayan las consecuencias desastrosas que los avances tecnológicos pueden producir a la humanidad y al medio ambiente, y por otro los transhumanistas, que pretende emplear la tecnología para mejorar la vida de las personas y para resolver los problemas sociales contemporáneos. Las diferencias entre unos y otros son sensibles y se proyectan tanto en el ámbitos epistemológico, como en el ontológico y en el deontológico[208].

Se habla de ausencia de referentes éticos para hacer frente a los problemas sociales que son consecuencia de la evolución de la ciencia y la tecnología. Ahora bien, a diferencia de lo que ha ocurrido en otros momentos de la historia de la humanidad en donde se han producido grandes cambios tecnológicos, en la actualidad estamos mejor situados, ya que contamos con unos instrumentos a los que hemos otorgado un cierto valor universal: los derechos humanos. Así, a pesar de que existan diferentes maneras de entender los derechos humanos que se manifiestan en distintas teorías, y a pesar de que no podamos pensar que exista un acuerdo final sobre su significado[209], con-

---

[208] Al respecto vid. Llano Alonso, F., *Homo Excelsior. Los Límites Ético Jurídicos del Transhumanismo*, Tirant Lo Blanch, Valencia 2018. Vid. recientemente del mismo autor: «Transhumanismo, vulnerabilidad y dignidad humana», en *Deusto Journal of Human Rights, 4,* 2019, pp. 39 y ss.

[209] Al respecto resulta significativa la anécdota que cuenta J. Maritain en su obra *El hombre y el Estado*, (trad. de J.M. Palacios, Encuentro, Madrid 2002, p.84): «Durante una de las reuniones de la Comisión nacional francesa de la UNESCO en que se discutía sobre los derechos del hombre, alguien

tar con los derechos implica establecer unos puntos de partida muy importantes en la reflexión.

Obviamente, tomar como referencia los derechos no va a servir para solucionar todos los problemas. Pero si que puede servirnos para reorientar algunas de las discusiones.

Por ejemplo, en el campo de la discapacidad y las nuevas tecnologías, la aproximación basada en derechos llamaría la atención sobre la cuestión de las barreras sociales y la discriminación.

En efecto, en este campo, cuando se hace alusión a la incidencia de las nuevas tecnologías suelen primar dos tipos de reflexiones. Por un lado, la de aquellos que presentan los avances tecnológicos como remedios que consiguen reducir los efectos de las deficiencias o incluso, terminar con ellos. Por otro lado, la de quienes enfatizan como las nuevas tecnologías pueden ser un instrumento más de discriminación hacia estas personas en términos de accesibilidad. Pues bien, en la mayoría de los casos, estas dos reflexiones se hacen desde un enfoque de la discapacidad, centrado en la condición de la persona, esto es en la «deficiencia», que no es el de los derechos. El enfoque de derechos es el que considera a la discapacidad como una situación fruto de barreras que son, en la mayoría de los casos, de índole social[210]. Por eso, desde este enfoque debería ser prioritario la lucha contra las barreras y no la lucha contra las llamadas deficiencias, al igual que debería priorizar esta lucha frente a los programas de mejora.

3. LOS DERECHOS HUMANOS YA ESTÁN AQUÍ

La referencia de los derechos en la discusión sobre cómo regular la Inteligencia Artificial es un hecho.

---

manifestó su extrañeza al ver que ciertos defensores de ideologías violentamente opuestas se habían puesto de acuerdo para redactar una lista de derechos. Claro –replicaron ellos– estamos de acuerdo en esos derechos a condición de que no se nos pregunte por qué».

[210] Vid. mi libro *Sobre discapacidad y derechos*, Dykinson, Madrid 2013.

En mayo de 2018, después de discusiones y reuniones entre expertos de diferentes campos del conocimiento, se aprobó la *Declaración de Toronto* (firmada por Amnistía Internacional, Access Now, el Observatorio de Derechos Humanos y la Fundación Wikipedia, entre otros). Se trata de un documento con tres secciones principales. En la primera, se establece el deber de los Estados de prevenir la discriminación en el diseño o la implementación de los sistemas de aprendizaje automático en contextos públicos o mediante asociaciones público-privadas. En la segunda sección se describe las responsabilidades de los actores privados en el contexto del desarrollo y la implementación de sistemas de Inteligencia Artificial. Y en la tercera sección se afirma el derecho a un recurso efectivo y a llamar a cuentas a los responsables de las violaciones. La Declaración de Toronto busca proteger los derechos de todos los individuos y grupos y promover la diversidad y la inclusión. Subraya que la inclusión, la diversidad y la equidad, son componentes clave para garantizar que los sistemas de aprendizaje automático no creen ni perpetúen la discriminación, en particular en relación con grupos marginados[211].

En octubre de 2018, la organización *The Public Voice*, aprobó las D*irectrices Universales para la Inteligencia Artificial*, documento respaldado por 50 organizaciones científicas y más de 200 expertos de todo el mundo, que tiene como objetivo «maximizar los beneficios de la IA, minimizar el riesgo y garantizar la protección de los derechos humanos»[212]. En este mismo mes, la Conferencia Internacional de instituciones dedicadas a la protección de datos y la privacidad (ICDPPC), adoptó la *Declaración sobre ética y protección de datos en la Inteligencia Artificial*, en la que se afirma que «los derechos humanos deben ser el marco desde el que afrontar los retos éticos de las nuevas tecnologías. Y los responsables de que esto sea así son, en pri-

---

211 Disponible en: https://www.accessnow.org/cms/assets/uploads/2018/08/The-Toronto-Declaration_ENG_08-2018.pdf.

212 Disponible en https://thepublicvoice.org/ai-universal-guidelines/.

mer lugar, los Estados y las organizaciones internacionales como Naciones Unidas. Pero esa responsabilidad nos compete a todos y, como no, a las empresas e industrias»[213].

En el marco de la UNESCO, destaca el proyecto de Recomendación sobre la Ética de la Inteligencia Artificial, de septiembre de 2021, que aspira «a servir de base para poner los sistemas de IA al servicio de la humanidad, las personas, las sociedades y el medio ambiente y los ecosistemas, así como para prevenir daños». Los objetivos de este proyecto son: proporcionar un marco universal de valores, principios y acciones para orientar a los Estados en la formulación de sus leyes, políticas u otros instrumentos relativos a la IA, de conformidad con el derecho internacional; orientar las acciones de las personas, los grupos, las comunidades, las instituciones y las empresas del sector privado a fin de asegurar la incorporación de la ética en todas las etapas del ciclo de vida de los sistemas de IA; proteger, promover y respetar los derechos humanos y las libertades fundamentales, la dignidad humana y la igualdad, incluida la igualdad de género; salvaguardar los intereses de las generaciones presentes y futuras; preservar el medio ambiente, la biodiversidad y los ecosistemas; y respetar la diversidad cultural en todas las etapas del ciclo de vida de los sistemas de IA; fomentar el diálogo multidisciplinario y pluralista entre múltiples partes interesadas y la concertación sobre cuestiones éticas relacionadas con los sistemas de IA; promover el acceso equitativo a los avances y los conocimientos en el ámbito de la IA y el aprovechamiento compartido de los beneficios, prestando especial atención a las necesidades y contribuciones de los países de ingreso mediano.

En el ámbito de la Unión Europea se han elaborado numerosos documentos en esta línea. Entre todos destaca el Comunicado de 8 de abril de 2019 de la Comisión Europea, *Siete requisitos esenciales para lograr una Inteligencia Artificial fiable*.

---

213 Disponible en https://apdcat.gencat.cat/web/.content/04-actualitat/noticies/documents/ICDPPC-40th_AI-Declaration_ADOPTED.pdf.

Estos siete requisitos son: (i) la intervención y supervisión humanas (los sistemas de Inteligencia Artificial deben facilitar sociedades equitativas, apoyando la intervención humana y los derechos fundamentales, y no disminuir, limitar o desorientar la autonomía humana); (ii) la robustez y seguridad (los algoritmos deben ser suficientemente seguros, fiables y sólidos para resolver errores o incoherencias durante todas las fases del ciclo de vida útil de los sistemas de Inteligencia Artificial); (iii) privacidad y gestión de datos (los ciudadanos deben tener pleno control sobre sus propios datos, al tiempo que los datos que les conciernen no deben utilizarse para perjudicarles o discriminarles); (iv) transparencia (debe garantizarse la trazabilidad de los sistemas de Inteligencia Artificial); (v) diversidad, no discriminación y equidad (los sistemas de Inteligencia Artificial deben tener en cuenta el conjunto de capacidades, competencias y necesidades humanas, y garantizar la accesibilidad); (vi) bienestar social y medioambiental (los sistemas de Inteligencia Artificial deben utilizarse para mejorar el cambio social positivo y aumentar la sostenibilidad y la responsabilidad ecológicas); (vii) rendición de cuentas (deben implantarse mecanismos que garanticen la responsabilidad y la rendición de cuentas de los sistemas de Inteligencia Artificial y de sus resultados)[214]. También hay que citar en este contexto la propuesta de Reglamento europeo sobre Inteligencia Artificial de 2021, en cuya exposición de motivos se afirma: «La presente propuesta pretende garantizar un elevado nivel de protección para dichos derechos fundamentales, así como hacer frente a diversas fuentes de riesgo mediante un enfoque basado en los riesgos claramente definido. Sirviéndose de un conjunto de requisitos destinados a conseguir que la IA sea fiable y que se impongan obligaciones proporcionadas a todos los participantes en la cadena de valor, la propuesta reforzará y promoverá la protección de los derechos salvaguardados por la Carta: el derecho a

---

[214] Disponibles en https://ec.europa.eu/digital-single-market/en/news/ethics-guidelines-trustworthy-ai.

la dignidad humana (artículo 1), el respeto de la vida privada y familiar y la protección de datos de carácter personal (artículos 7 y 8), la no discriminación (artículo 21) y la igualdad entre hombres y mujeres (artículo 23). Su objetivo es evitar un efecto paralizante sobre los derechos a la libertad de expresión (artículo 11) y de reunión (artículo 12), y garantizar el derecho a la tutela judicial efectiva y a un juez imparcial, la presunción de inocencia y los derechos de la defensa (artículos 47 y 48), así como el principio general de buena administración. Asimismo, al ser aplicable en determinados ámbitos, la propuesta tendrá efectos positivos en los derechos de diversos grupos especiales, como los derechos de los trabajadores a unas condiciones de trabajo justas y equitativas (artículo 31), un elevado nivel de protección de los consumidores (artículo 28), los derechos del niño (artículo 24) y la integración de las personas discapacitadas (artículo 26). El derecho a un nivel elevado de protección del medio ambiente y la mejora de su calidad (artículo 37) también es pertinente, en particular en lo que respecta a la salud y la seguridad de las personas»

El Consejo de Europa también ha aprobado declaraciones en esta línea. Destacaré tres: las *Directrices sobre Inteligencia Artificial y Protección de Datos* de enero de 2019, la *Declaración del Comité de Ministros sobre las capacidades manipuladoras de los procesos algorítmicos* de febrero de 2019 y *Unboxing Artificial Intelligence: 10 steps to protect Human Rights* de mayo de 2019.

Las *Directrices sobre Inteligencia Artificial y Protección de Datos* comienzan señalando: «La protección de la dignidad humana y la salvaguarda de los derechos humanos y las libertades fundamentales, en particular el derecho a la protección de los datos personales, son esenciales al desarrollar y adoptar aplicaciones de IA que puedan tener consecuencias para las personas y la sociedad. Esto es especialmente importante cuando las aplicaciones de IA se utilizan en los procesos de toma de decisiones»[215].

---

[215] Disponibles en https://rm.coe.int/guidelines-on-artificial-intelligence-and-data-protection/168091f9d8.

Por su parte, en la *Declaración del Comité de Ministros sobre las capacidades manipuladoras de los procesos algorítmicos* de febrero de 2019, puede leerse: «Los niveles finos, subconscientes y personalizados de persuasión algorítmica pueden tener efectos significativos en la autonomía cognitiva de los individuos y su derecho a formar opiniones y tomar decisiones independientes. Estos efectos permanecen poco explorados pero no se pueden subestimar. No solo pueden debilitar el ejercicio y el disfrute de los derechos humanos individuales, sino que pueden conducir a la corrosión del fundamento mismo del Consejo de Europa. Los pilares centrales de los derechos humanos, la democracia y el estado de derecho se basan en la creencia fundamental en la igualdad y la dignidad de todos los humanos como agentes morales independientes». En esta Declaración se «destaca el papel social de la academia en la producción de investigaciones y consejos independientes, basados en evidencias e interdisciplinarios, dirigidos a los agentes que toman decisiones, sobre la capacidad de las herramientas algorítmicas para mejorar o interferir en la soberanía cognitiva de los individuos. Esta investigación debe tener en cuenta la diversidad existente en las sociedades, y debe incluir todos los antecedentes y edades de los usuarios, no solo con respecto a sus comportamientos como consumidores, sino teniendo también en cuenta impactos más amplios en su bienestar emocional y elecciones personales en contextos sociales, institucionales y políticos»[216].

Por ultimo, en *Unboxing Artificial Intelligence: 10 steps to protect Human Rights* de mayo de 2019, se destaca la necesidad de realizar evaluaciones de impacto en derechos humanos en relación con los sistemas de Inteligencia Artificial[217].

---

216 Disponible en https://search.coe.int/cm/pages/result_details.aspx?objectid=090000168092dd4b.

217 Disponible en https://rm.coe.int/unboxing-artificial-intelligence-10-steps-to-protect-human-rights-reco/1680946e64.

Esta presencia de los derechos humanos en los documentos que se pronuncian sobre la regulación de la Inteligencia Artificial está presente también fuera de Occidente. Son significativos al respecto, los denominados *Principios de Pekín*, aprobados en mayo de 2019, por la Academia de Inteligencia Artificial de Pekin (AIAB), la Universidad de Pekin, la Universidad de Tsinghua, el Instituto de Automatización, el Instituto de Tecnología de Computación de la Academia de Ciencias de China, y una liga industrial de Inteligencia Artificial formada por firmas como Baidu, Alibaba y Tencent. En estos principios se habla del desarrollo sostenible, de la privacidad, de la dignidad, de la libertad, de la autonomía y de los derechos, como referentes para la investigación y el desarrollo de la Inteligencia Artificial. Así, se afirma que «el desarrollo de la IA debe reflejar la diversidad y la inclusión, y debe diseñarse para beneficiar a la mayor cantidad de personas posible, especialmente a aquellos que, de lo contrario, serían fácilmente descuidados o insuficientemente representado»[218].

La utilización de los derechos humanos como referentes para la regulación de las nuevas tecnologías, que ya era una constante en el ámbito biomédico, es un hecho en el campo de la Inteligencia Artificial, y se extiende a otros campos como el de la neurociencia[219].

---

218 Disponibles en https://www.baai.ac.cn/blog/beijing-ai-principles.

219 En este sentido Rafael Yuste, del Centro de Neurotecnología de la Universidad de Columbia en Nueva York, impulsor del proyecto BRAIN, se refiere a 5 neuroderechos humanos (la privacidad mental, la identidad personal, el libre albedrío, el acceso equitativo, la no discriminación (Vid. la Neuro-Rights Initiative, https://www.ntc.columbia.edu/neurorights-initiative/). También Marcello Ienca y Roberto Andorno («Towards new human rights in the age of neuroscience and neurotechnology», en *Life Sciences, Society and Policy*, 2017, disponible en https://lsspjournal.biomedcentral.com/track/pdf/10.1186/s40504-017-0050-1) se han referido al derecho a la libertad cognitiva (decidir si desea utilizar una neurotecnología determinada o rechazarla); la privacidad mental (aislar los datos de su cerebro o compartirlos públicamente); la integridad mental (no ser dañado física o psicológicamente por la neurotecnología; la continuidad psicológica (estar protegido de las alteraciones de su sentido de identidad que no haya autorizado).

En nuestro país, dentro de esta tendencia es significativo el reconocimiento de los llamados derechos digitales, que se realiza en los artículos 80 a 97 de la Ley Orgánica 3/2018, de 5 de diciembre, de Protección de Datos Personales y garantía de los derechos digitales.

Para un estudioso de los derechos humanos resulta de especial interés el análisis de estos derechos y su caracterización general, con el objetivo de encontrar su lugar en la Teoría General de los Derechos. Se trata de una tarea sobre la que existen ya algunos estudios[220] y que plantea retos interesantes para la Teoría del Derecho, el Derecho Constitucional y el Derecho Internacional, entre otras disciplinas.

Dos de estos retos, que tienen que ver con rasgos de los derechos, coinciden con dos de los déficits más importantes que tiene la satisfacción de los derechos humanos en el mundo contemporáneo: su incidencia en el ámbito de las relaciones privadas y su necesaria protección a nivel internacional.

Buena parte del campo de actuación de los derechos digitales se desenvuelve en las relaciones entre empresas y ciudadanos. La satisfacción de los derechos digitales requiere, en muchos casos, de la complicidad de grandes y pequeñas compañías privadas. Sin embargo, todavía nos cuesta aceptar que los derechos humanos, en general, poseen vigencia en ese plano. Es cierto que teóricamente se trata de un tema resuelto y que existen grandes documentos internacionales al respecto (como los «Principios Rectores sobre las empresas y los derechos humanos» de Naciones Unidas). Pero otra cosa es la práctica y la garantía de esos principios.

Por otro lado, la globalidad de la sociedad digital hace que una eficaz protección de los derechos digitales, requiera de la utilización de sistemas de protección internacional. No basta con la protección nacional ni incluso, en nuestro caso, con la europea. Sin embargo, todavía nos cuesta aceptar el papel de

---

[220] Vid. por ejemplo Rebollo Delgado, L. y Zapatero Martín, P., *Derechos Digitales*, UNED-Dykinson, 2019.

los sistemas de protección internacional de los derechos. Dudamos tanto del acuerdo internacional, del que en muchas ocasiones se salen las grandes potencias, como de la legitimidad de las instituciones internacionales.

Y estos dos problemas teóricos con indudable repercusión práctica, nos alertan de las dificultades que nos vamos a encontrar para satisfacer estos derechos y nos confirman la necesidad de llevar a cabo cambios sociales que permitan considerar, por un lado, que los derechos son los referentes también de las relaciones privadas y económicas, y por otro, que los sistemas de protección internacional deben ser eficaces y tomados en serio.

Volviendo a los documentos y textos normativos sobre derechos e Inteligencia Artificial, conviene advertir que a pesar de esta proliferación, la realidad es que la Inteligencia Artificial sigue estando separada de los derechos. Los departamentos de las empresas que la utilizan no atienden a su impacto sobre los derechos y dejan todo ello a las indicaciones de una autoridad reguladora que, en muchas ocasiones, ni existe ni tiene competencias o medios para establecer un control.

4. RIESGO Y OPORTUNIDAD

Un rasgo común a todo ese movimiento de incorporación de los derechos al que me he referido, es la adopción de un punto de vista que se centra en los aspectos negativos de estas tecnologías en la garantía y satisfacción de los derechos. Normalmente este es el enfoque que prima cuando se toma como referencia los derechos. Y es cierto que el uso de la Inteligencia Artificial presenta riesgos relevantes sobre todo para las personas en situación de vulnerabilidad.

Así, por ejemplo, volviendo a la discapacidad, su tratamiento común y mayoritario, centrado todavía en un modelo médico, presenta una serie de rasgos que, si no son advertidos en la aplicación de la Inteligencia Artificial, pueden agravar la situación de discriminación de las personas con discapacidad. No hay que pasar por alto que las aplicaciones de Inteligencia Artificial trabajan en función de los datos y la información que se les proporcionan y que si no se corrigen, reproducen lógicas discriminatorias.

La consideración de la discapacidad como una enfermedad, como algo maligno que debe ser corregido, o como algo especial, fuera de lo normal, son ejemplos de esos rasgos que pueden provocar sesgos en la aplicación de la Inteligencia Artificial. También es importante tener en cuenta como todavía, en muchos ámbitos sociales, la discapacidad sigue siendo invisible lo que sin duda puede incidir en el uso de esta tecnología.

Pero tal vez, el peligro más relevante venga de la mano de la problemática relación entre Inteligencia Artificial y diversidad.

Esta problemática relación ha sido estudiada en relación con el género y la raza, subrayando sesgos presentes en aplicaciones de Inteligencia Artificial que discriminan a mujeres, personas de color, minorías sexuales…. En este ámbito destaca el informe del Instituto *AI Now* de la Universidad de Nueva York, *Discriminating Systems. Gender, Race, and Power in AI* de abril de 2019[221].

Ese mismo Instituto, convocó el 28 de marzo de 2019, junto al Centro de Estudios de Discapacidad de esa misma Universidad y Microsoft, a especialistas en discapacidad, programadores de Inteligencia Artificial e investigadores de informática para reflexionar sobre discapacidad, sesgo e Inteligencia Artificial. Como resultado de esa reunión *AI Now* publicó, en noviembre de 2019, otro informe, *Disability, Bias, and AI*[222], en el que aparecen interesantes reflexiones y ejemplos sobre posibles sesgos del uso de la Inteligencia Artificial en relación con las personas con discapacidad.

Analizar como es posible hacer que esos sesgos no se produzcan resulta verdaderamente importante en la lucha contra la discriminación de las personas con discapacidad. Y para

221 Disponible en https://ainowinstitute.org/discriminatingsystems.pdf.

222 Diponible en https://ainowinstitute.org/disabilitybiasai-2019.pdf.

ello, la formación de todos los agentes implicados en los derechos de las personas con discapacidad y, por tanto, en el tratamiento de la discapacidad desde un enfoque de derechos humanos, parece imprescindible. Como también lo parece el establecimiento de canales de diálogo permanentes entre la ética y la tecnología. Ahora bien, en todo ello, resulta esencial la participación de las propias personas con discapacidad: el cumplimiento del lema «Nada sobre nosotros sin nosotros» debe ser un requisito ineludible.

En todo caso, resulta necesario analizar también el lado positivo de la utilización de la Inteligencia artificial; contemplarla como una oportunidad para los derechos.

Un ejemplo de esta posibilidad viene de la mano del derecho al debido proceso[223]. Como es sabido, cuando hablamos de debido proceso estamos haciendo referencia a una serie de rasgos que deben ser respetados en todos y cada uno de los procesos y que en ocasiones se ha concretado en el derecho a la tutela judicial efectiva. Su primera manifestación se encuentra en la Carta Magna de 1215. En la actualidad, el debido proceso posee un contenido complejo que integra: el derecho de acción o de acceso a la jurisdicción, el derecho a un proceso sin dilaciones indebidas, el derecho a un proceso público, la presunción de inocencia, el derecho a ser informado de la acusación, el derecho a la intervención del intérprete, el sometimiento del juzgador al Derecho, la independencia del juzgador, la imparcialidad del juzgador, el derecho a la firmeza de las decisiones (cosa juzgada), el derecho al *non bis in idem*, el derecho a la ejecución de la sentencia, el derecho al juez natural, la exigencia de motivación suficiente, la prohibición de indefensión, el derecho a la prueba, el derecho a todas las garantías, el derecho a la asistencia letrada, el derecho a no declarar contra sí mis-

[223] Sobre el tema vid. De Asís Pulido, M., «La incidencia de las nuevas tecnologías en el debido proceso», en *Ius et Scientia*, vol. 6, n. 2, 2020, pp. 186 y ss.

mo, el derecho a no confesarse culpable, el derecho a los recursos y el derecho a una motivación completa[224].

Pues bien, en 2017, el Presidente del Tribunal Supremo de los EEUU, John Roberts, visitó el Instituto Politécnico de Rensselaer (Troy, Nueva York), que es uno de los centros de docencia e investigación en ciencia e ingeniería más importantes de EE.UU, y se le hizo una pregunta: ¿Se puede prever un día en el que las máquinas inteligentes, impulsadas con inteligencias artificiales, ayuden en la determinación de hechos en los tribunales e incluso en las decisiones de calificación? Y su respuesta fue: «Es un día que está aquí…y está poniendo una presión significativa en cómo el poder judicial se encarga de hacer las cosas».

Ciertamente, en el contexto jurídico asistimos a un momento en el que la Inteligencia Artificial está empezando a implementarse de manera progresiva, sobre todo en lo referente a sistemas de finalidad predictiva[225]. En 2016, el University College de Londres, presentó un software de aprendizaje automático capaz de presentar los mismos veredictos que los jueces. Para ello realizó un estudio en el que se analizaron 584 decisiones del Tribunal Europeo de Derechos Humanos en asuntos relacionados con los artículos 3, 6 y 8 de la Convención, aplicando un algoritmo con el objetivo de encontrar patrones en el texto. La finalidad última consistía en ver si el *software* podía predecir el fallo. Y en un 79% de los casos lo consiguió[226].

La utilización de la Inteligencia Artificial en la ámbito de la decisión judicial es una cuestión polémica. Para algunas perso-

---

[224] Vid. De Asís, R., «Notas sobre el debido proceso», en *Papeles de Teoría y Filosofía del Derecho, n. 6*, 2010. Disponible en https://e-archivo.uc3m.es/bitstream/handle/10016/9224/notas_sobre_el_debido_proceso_rafael_de_asis_%202010.pdf?sequence=1&isAllowed=y .

[225] Vid. al respecto, Solar Cayón, J.I., *La Inteligencia Artificial jurídica*, Aranzadi, 2019.

[226] Vid. Aletras, N., Tsarapatsanis, D., Preoţiuc-Pietro, D. y Lampos, V., «Predicting judicial decisions of the European Court of Human Rights: a Natural Language Processing perspective», en *PeerJ Comput. Sci. 2:e93*, 2016. Disponible en https://peerj.com/articles/cs-93.pdf.

nas ese uso es, por la especificidad de la toma de decisiones en este campo, y debe ser, por los derechos en juego, muy limitado. No obstante, no hay que pasar por alto que buena parte de esta actuación consiste en gestionar datos e información[227].

Por otro lado, y aunque la mayoría de las aplicaciones actuales se basan en grandes datos y estadísticas[228], se han anunciado proyectos que intentan replicar la argumentación jurídica desde una Inteligencia Artificial que comprende el contexto[229], e incluso no hace mucho podíamos leer en diferentes medios que el Ministerio de Justicia de Estonia estaba pensando en una Inteligencia Artificial que actúe a modo de juez, para encargarse de aquellos casos más sencillos. Si bien se aclaraba que la decisión final la tomaría siempre un juez humano.

A pesar de que en la argumentación jurídica, la relevancia de la interpretación, tanto de normas como de hechos, provoca que la discrecionalidad sea un factor de indudable peso, existen reglas que condicionan y validan el uso de argumentos y que pueden ser utilizadas en la aplicación de la Inteligencia Artificial a este campo.

Uno de los casos más conocidos de aplicación de la Inteligencia Artificial al Derecho es el llamado caso Loomis. Se trata de un caso que tiene que ver, de nuevo, con la evaluación de riesgos.

Eric Loomis era un ciudadano que cuando conducía un vehículo, al parecer robado, se saltó un control de la policía siendo posteriormente detenido. Sus datos se introdujeron en una herramienta de evaluación de riesgos (COMPAS), que emitió un informe en el que se predecía un alto riesgo de reincidencia. Fue así condenado a una pena de prisión descartando el juez la libertad condicional apoyándose para ello en

---

227 Vid. Nieva Fenoll, J., *Inteligencia Artificial y proceso judicial*, Marcial Pons, Madrid, 2018, pp. 60 y ss.

228 Vid. López Rincón, D., «Robots y abogacía», en Barrio, M. (dir.), *Derecho de los Robots*, Wolters Kluwer, Madrid, 2019, pp. 229 y ss.

229 Vid. https://magiquo.com

dicha herramienta. Loomis apeló ante la Corte Suprema de su Estado alegando la violación de su derecho al debido proceso por no poder cuestionar la fuerza probatoria de la herramienta al estar patentada. La Corte Suprema falló en contra de Loomis, determinando que no se violaba el debido proceso, con el argumento de que la evaluación de riesgo de COMPAS, no fue determinante para la decisión. La herramienta había servido como apoyo y para proporcionar al tribunal la mayor información posible. Loomis apeló ante la Corte Suprema de los EE. UU., que en junio de 2017 rechazó conocer su caso[230].

Casos como el de Loomis, han suscitado un importante debate en el campo jurídico y han hecho saltar las alarmas sobre la posible violación de derechos cuando se utiliza la Inteligencia Artificial en el campo de la Justicia.

Así, se ha hablado de la deshumanización de la jurisdicción, con una especial proyección en la atención a la víctimas (que ha sido una de las tendencias del Derecho penal y procesal contemporáneo), de los riegos a una excesiva estandarización en las sentencias, del cuestionamiento de las decisiones de los Tribunales supremos que finalmente se producirá, de la falta de publicidad y garantías, de la afectación del derecho a un juicio justo, de la desigualdad de armas… En definitiva, parecería que el uso de la Inteligencia Artificial puede conllevar la violación del derecho al debido proceso.

Sin embargo, algunas de las críticas anteriores chocan con la manera con las que en muchas ocasiones describimos el Derecho, la actividad de los jueces o la argumentación jurídica en general.

Por otro lado, en el ámbito del proceso, la intervención de la tecnología a través de peritos, o el uso de la informática y la probabilidad es algo habitual. El uso de la tecnología del caso Loomis no es algo extraño (otra cosa puede ser la solución). Así, en el campo de la argumentación se analiza el uso de la

---

[230] Vid. *State v. Loomis*, en https://harvardlawreview.org/2017/03/state-v-loomis/.

estadísitica bayesiana y de la probabilidad en la resolución de determinados asuntos[231]. Es célebre en este sentido el conocido caso *People vs Collins* de la Corte Suprema de California[232], que suele citarse como ejemplo para apartar el uso de la probabilidad del Derecho[233], pero que en realidad plantea su uso como apoyo al juzgador.

En este sentido, la Inteligencia Artificial puede ser un instrumento más de apoyo en la argumentación y la motivación[234], que incluso sirva para su mejora sin menoscabo del debido proceso.

Ciertamente, el peligro mayor del uso de la Inteligencia Artificial en este ámbito puede venir de la mano de los posibles sesgos. Ahora bien, los sesgos existen con y sin Inteligencia Artificial. Es más, gracias a ella puede ser posible identificar estos sesgos y eliminarlos[235]. Eso si, para ello debe exigirse el mayor grado de transparencia posible a la hora de determinar su uso y alcance.

En todo caso, al igual que ocurría en el plano general de la Inteligencia Artificial, se están produciendo ya declaraciones sobre su uso en relación con el proceso debido. Merece la pena citar en este sentido la *Carta Ética europea sobre el uso y desarrollo de la Inteligencia Artificial en el sistema judicial*, de la

---

231 Me he referido a ello en De Asís, R., *Sobre el razonamiento judicial*, McGraw-Hill, Madrid, 1998.

232 Recogido en *California Reporter, 1966, vol. 66*, pp. 497 y ss. Vid. sobre este caso: Alonso García, E., *La interpretación de la Constitución*, Centro de Estudios Constitucionales, Madrid, 1984, p. 543.

233 Normalmente en un tono crítico señalando insuficiencias que tal vez la Inteligencia Artificial pueda solucionar. Vid. sobre el tema Taruffo, M., «Judicial Decisión and Artificial Intelligence», en *Artificial Intelligence and Law, 6*, 1998. También Vera Sánchez, J.S., «La discrecionalidad judicial en dos enfoques reglados de la valoración de la prueba penal», *Revista Jurídica de la Universidad Autónoma de Madrid, 30*, 2014-II, pp. 247 y ss.

234 Vid. Nieva Fenoll, J., *Inteligencia Artificial y proceso judicial*, cit., p. 71.

235 Vid. Chen, D.L., «Judicial analytics and the great transformation of American Law», en *Artificial Intelligence and Law, 27*, 2019, pp. 15 y ss.

Comisión Europea para la Eficiencia de la Justicia, de diciembre de 2018, en la que se destacan cinco grandes principios: a) el respeto de los derechos fundamentales; b) la no discriminación; c) la calidad y seguridad; d) la transparencia, imparcialidad y equidad; y, e) el principio «bajo el control del usuario». En virtud de este último, «la autonomía del usuario debe aumentarse y no restringirse mediante el uso de herramientas y servicios de Inteligencia Artificial. Los profesionales del sistema de justicia deberían, en cualquier momento, poder revisar las decisiones judiciales y los datos utilizados para producir un resultado y continuar sin estar obligados a ello a la luz de las características específicas de ese caso en particular. El usuario debe ser informado en un lenguaje claro y comprensible sobre si las soluciones ofrecidas por las herramientas de Inteligencia Artificial son vinculantes, sobre las diferentes opciones disponibles y si tiene derecho a asesoramiento legal y derecho a acceder a un tribunal. También debe estar claramente informado de cualquier procesamiento previo de un caso por Inteligencia Artificial antes o durante un proceso judicial y tener el derecho de objetar, para que su caso pueda ser escuchado directamente por un tribunal».

También puede mencionarse la Resolución del Parlamento Europeo, de 6 de octubre de 2021, sobre la Inteligencia Artificial en el Derecho penal y su utilización por las autoridades policiales y judiciales en asuntos penales, en la que se subrayan derechos como la dignidad humana, la no discriminación, la libertad de circulación, la presunción de inocencia y el derecho de defensa, la libertad de expresión e información, la libertad de reunión y asociación, la igualdad ante la ley, la igualdad de armas, y el derecho a una tutela judicial efectiva y a un juicio justo.

5. ESTAMOS A TIEMPO DE APROVECHARNOS

La Inteligencia Artificial, de por si, no constituye una seria amenaza para los derechos humanos. Es muy común afirmar cuando se señalan los peligros de la Inteligencia Artificial que estos no tienen que ver con la tecnología sino con las personas. En este sentido, la amenaza para los derechos puede venir del uso que las personas hagamos de la Inteligencia Artificial. De ese uso dependerá el que esta tecnología sea una oportunidad o un grave riesgo. De ahí la importancia de tomarnos en serio la tarea de establecer una regulación presidida por los derechos.

Ahora bien, esa tarea no tendrá éxito si no se toma en serio también la educación en derechos, esto es, si la educación digital no incorpora a los derechos humanos.

En España, es de celebrar que la Ley 3/2018 haya reformado la Ley de Educación y la Ley de Universidades. Ahora bien, aunque todavía es pronto para ver cómo se desarrolla y aplica la normativa, me parece que los esfuerzos principales en este campo se están dirigiendo hacia la adquisición de competencias y hacia el conocimiento de los riesgos personales.

No hay una mirada más general sobre riesgos sociales o un enfoque sobre el por qué y el para qué[236]. Pero, para que la Inteligencia Artificial sea una herramienta de satisfacción de los derechos humanos, necesitamos una educación digital que tenga en cuenta los derechos humanos.

Y en este campo también contamos con algún texto que nos proporciona cierta esperanza. Se trata del Documento final de la Conferencia Internacional sobre la Inteligencia Artificial y la Educación, «Planificación de la educación en la era de la Inteligencia Artificial: dirigir los avances», celebrada entre el 16 y el 18 de mayo de 2019 en Pekín, y que lleva por título: «Consenso de Beijing sobre la Inteligencia Artificial y la educación»[237].

En dicho documento, se reafirma «el enfoque humanista de la UNESCO respecto de la utilización de la Inteligencia Artifi-

---

[236] Puede comprobarse esto en el informe *Digital Education at School in Europe. Eurydice Report*, European Commission/EACEA/Eurydice, Luxembourg, 2019. Disponible en: https://eacea.ec.europa.eu/national-policies/eurydice/sites/eurydice/files/en_digital_education_n.pdf.

[237] Disponible en: https://unesdoc.unesco.org/ark:/48223/pf0000368303.

cial con miras a proteger los derechos humanos y a proporcionar a todas las personas los valores y las competencias necesarios para una colaboración eficaz entre el ser humano y la máquina en la vida, el aprendizaje y el trabajo, y para el desarrollo sostenible». Y se afirma que «el desarrollo de la inteligencia artificial debe estar controlado por el ser humano y centrado en las personas; que la implantación de la inteligencia artificial debe estar al servicio de las personas para mejorar las capacidades humanas; que la inteligencia artificial debe concebirse de manera ética, no discriminatoria, equitativa, transparente y verificable; y que el impacto de la Inteligencia Artificial en las personas y la sociedad debe ser objeto de seguimiento y evaluación a lo largo de las cadenas de valor».

DERECHOS Y NEUROTECNOLOGÍAS

Las neurociencias estudian el cerebro, la estructura y función del sistema nervioso y cómo sus diferentes elementos interactúan y dan origen a la conducta. El término neurotecnología se utiliza para referirse a los métodos, sistemas e instrumentos que se conectan con el cerebro humano y que pueden registrar y/o influir en la actividad neuronal.

Uno de los casos neurológicos con mayor frecuencia citados para hablar de conducta y cerebro es el de Phineas Gage. En 1948, Phinias Gage sufrió, con 25 años, un accidente mientras trabajaba en la construcción del ferrocarril. Después de una explosión, una barra de hierro le entró por la mejilla izquierda saliendo al exterior a través del cráneo. La barra atravesó su lóbulo frontal. A pesar de ello y de manera sorprendente, Gage se recuperó a los dos meses. Sin embargo, al poco tiempo, empezaron a aparecer cambios drásticos en su personalidad, lo que contribuyó a favorecer la idea de la relación entre el cerebro y la conducta; la idea de que el deterioro de cierta parte del cerebro (zona de la corteza prefrontal) provoca incapacidad para seguir, por ejemplo, reglas sociales[238]. Al parece Phineas Gage paso de ser una persona amable a una persona maleducada y grosera.

[238] Damasio, A.R., y otros, «The Return of Phineas Gage: Clues About the Brain from the Skull of a Famous Patient», en *Science*, vol. 264, issue 5162, mayo de 1994, pp. 1102 y ss.

No obstante hay quienes han relacionado el cambio en Gage con el sufrimiento que le causó ver su cara desconfigurada[239].

En cualquier caso, las neurociencias han avanzado espectacularmente gracias a las técnicas de neuroimagen (conjunto de técnicas que permiten obtener imágenes del cerebro), estableciéndose una relación entre nuestros comportamientos y la activación de áreas de la corteza cerebral. A raíz de estos descubrimientos se plantea la posibilidad de intervenir en el cerebro para mejorar su estado, para seleccionar a las personas, para borrar fragmentos de la memoria, para prevenir comportamientos, para saber si decimos la verdad...

El precursor de la neuroimagen fue William H. Oldendorf, neurólogo estadounidense que en 1961 decidió trasladar la lógica de los rayos-x al estudio del córtex. El impulso definitivo de la neuroimagen llegó con los premios Nobel de Medicina de 1979, Allan MacLeod Cormack y Godfrey Newbold Hounsfield, y con la construcción del primer escáner.

La neuroimagen actualmente se divide en dos tipos de técnicas: estructurales y funcionales. Las primeras ofrecen una visión estática del cerebro humano y se utilizan normalmente para localizar lesiones; las segundas proporcionan una visión dinámica y se emplean en la investigación. Existen muchos tipos de técnicas diferentes. Algunas de ellas, como señalaré más adelante, se están ya utilizando en el campo del Derecho.

Las interfaces cerebro-máquina son dispositivos que conectan el cerebro de una persona a una máquina, por ejemplo un ordenador, permitiendo una comunicación bidireccional. Pueden ser invasivos (requiriendo en muchas ocasiones cirugía) o no invasivos. Ejemplos de interfaces invasivas son los implantes cocleares o los estimuladores cerebrales profundos que puede ayudar a recuperar la movilidad. Por su parte, ejemplos de interfaces no invasivas son los de los dispositivos que se colocan sobre la cabeza y se utilizan para predecir movimientos o incluso para transmitir instrucciones a una máquina.

---

[239] Kotowicz, Z., «The strange case of Phineas Gage», en *History of the Human Sciences*, February, 2007.

Las neurotecnologías están planteando una serie de retos importantes al Derecho. En este breve trabajo expondré algunos de estos retos, aquellos que se proyectan en cuestiones de derechos humanos, y cómo en su tratamiento ha surgido la demanda de los denominados neuroderechos.

1. NEUROÉTICA Y NEURODERECHO

Las aplicaciones de la neurotecnología están produciendo resultados sorprendentes. En 2011 Jack Gallant (Universidad de California), realizó un mapeo de la información que los ojos humanos enviaban al cerebro, para así poder descifrar imágenes en las que el humano está pensando[240]. En 2014, Giulio Ruffini transmitió un pensamiento de «hola» a más de 7.000 km de distancia. Ciertamente el mensaje que se recibía era un código morse interpretado por una Inteligencia Artificial que los receptores descifraban[241]. En ese mismo año, Nathan Copeland, diez años después de haberse lesionado la médula en un accidente perdiendo el sentido del tacto, volvió a sentir gracias a un brazo robótico directamente conectado a su cerebro[242]. Existen proyectos «Brain to Text» que consisten en una interface que decodifica pensamientos humanos y los escribe en un ordenador[243].

---

[240] Velasquez-Manoff, Moises, «Los lectores de la mente», *The New York Times*, 2020 Disponible en: https://www.nytimes.com/es/2020/08/29/espanol/opinion/inteligencia-artificial-mente.html)

[241] Ruffini, G. y otros., «Conscious brain-to-brain communication in humans using non-invasive technologies», 2014. Disponible en: https://journals.plos.org/plosone/article?id=10.1371/journal.pone.0105225&xid= 25657, 15700023,15700186,15700191,15700256,15700259,15700262,15700265)

[242] Vid. Flesher; S.N., Collinger, J.L., Foldes, S.T., Weiss, J.M., Downey, J.E., Tyler-Kabara, E.C., Bensmaia, S.J., Schwartz, A.B., Boninger, M.L., Gaunt, R.A., «Intracortical microstimulation of human somatosensory cortex», en *Science Translational Medicine, Vol. 8, Issue 361*, 2016, pp. 361 y ss.

[243] Sobre esta tecnología vid. Willett, F.R., Avansino, D.T., Hochberg, L.R. et al. «High-performance brain-to-text communication via handwriting», en *Nature 593*, 2021, pp. 249 y ss. Facebook estaba desarrollando desde 2017 uno

En España, en 2016, Instituciones Penitenciarias aprobó un proyecto de investigación dirigido a la población reclusa de los centros penitenciarios de Huelva y Córdoba. El proyecto investigaba si la aplicación de corrientes eléctricas en la zona prefrontal producía un descenso de agresividad. En el proyecto participaron, voluntariamente, 41 reclusos, 15 de los cuales cumplían condena por homicidio. Los resultados del proyecto de investigación fueron publicados en *Neuroscience*[244]. En 2019 se iba a iniciar la segunda fase del proyecto pero Instituciones Penitenciarias lo paralizó cautelarmente en marzo y definitivamente en mayo, apoyándose en un informe emitido por el Defensor del Pueblo.

El desarrollo de la neurotecnología está provocando el surgimiento de dilemas éticos y jurídicos[245]. Se plantea la posibilidad de intervenir en el cerebro para mejorar su estado, para seleccionar a las personas, para borrar fragmentos de la memoria, para prevenir comportamientos, para saber si decimos la verdad… Así, en mayo de 2002, en San Francisco (California), se celebró un Congreso internacional en el que se

pero desistió al considerar que no era posible hacerlo en los términos que deseaba. Vid. Regalado, A., «Facebook is ditching plans to make an interface that reads the brain», *MIT Technology Review*, julio de 2021.

244 Molero-Chamizo, A., Martín Riquel, R., Moriana, J.A., Nitsche, M.A., Rivera-Urbiba, G.N., «Bilateral Prefrontal Cortex Anodal tDCS Effects on Self-reported Aggressiveness in Imprisoned Violent Offenders», en *Neuroscience, Vol. 397,* 15 de enero de 2019, pp. 31 y ss.

245 «La investigación neurológica puede transformar de forma radical nuestra imagen del hombre y consecuentemente el fundamento de nuestra cultura, la base de nuestras decisiones éticas y políticas». Könneker, C., «La visión materialista de la Neuroética. Entrevista a Wolf Singer y a Thomas Metzinger», en *Mente y Cerebro, n. 4,* 2003, p. 56. «En el futuro, las personas dedicadas a la ética se deben preocupar más de si un día estas técnicas de imagen pudieran ser utilizadas para discernir o poner de manifiesto los secretos más íntimos de la gente. La sociedad tiene en sus manos, por primera vez, una herramienta con la que detectar la mentira, y esto podría traer consecuencias muy profundas sobre la privacidad individual y los derechos humanos». «Neuroethics Needed. Researchers Should Speak Out on Claims Made on Behalf of Their Science», Editorial de *Nature, n. 441,* 2006, p. 907.

abordó el nacimiento de una disciplina entendida como una nueva orientación de la Bioética: la neuroética, esto es, «el examen de lo correcto o incorrecto del tratamiento, perfeccionamiento, invasión o manipulación del cerebro humano»[246]. Esta reflexión se ha proyectado también en el Derecho dando lugar al neuroderecho, término acuñado por primera vez por Sherrod Taylor[247].

Según Marcelo Ienca, a lo largo de la década de 1990 y principios de la de 2000, el discurso dominante en la opinión pública y la reflexión académica sobre neuroética y neuroderecho se centró principalmente en cuatro temáticas principales: a) La permisibilidad ética de la mejora cognitiva a través de nootrópicos (potenciadores cognitivos); b) las implicaciones filosófico-legales de la neurociencia del libre albedrío con especial foco en las nociones de responsabilidad moral y culpabilidad jurídica; c) la ética de la neuroimagen, especialmente con respecto a la lectura de la mente; d) la validez y permisibilidad de la evidencia neurocientífica en los tribunales[248].

El neuroderecho se plantea cuestiones de indudable trascendencia. Una de ellas es la del libre albedrío[249]. Y es que existen posiciones que rechazan el libre albedrío y la autonomía considerando al yo como un estado del cerebro[250]. En este sen-

---

[246] Safire, W., «Visions for a New Field of «Neuroethics», en Marcus, S. J. (ed.), *Neuroethics. Mapping the Field*, The Dana Press, New York 2002, p. 3. Vid. Allhoff, F., «What Are Applied Ethics?», en *Sci Eng Ethics, n. 17*, 2011, pp. 14 y ss

[247] Taylor, J. Sherrod; Harp, J. Anderson; Elliott, Tyron, «Neuropsychologists and neurolawyers», en *Neuropsychology, Vol 5(4),* octubre de 1991, 293-305.

[248] Ienca, M., «On neurorights», en *Frontiers in Human Neurosciencie*, 24 September 2021, https://doi.org/10.3389/fnhum.2021.701258).

[249] Vid. Fins, J. J. «Neuromodulation, free will and determinism: lessons from the psychosurgery debate», en *Clinical Neuroscience Researh*. 4, 2004, pp. 113 y ss. También Ruiz Martínez-Cañavate, M., «Neurociencia, derecho y derechos humanos», en *Revista de Derecho UNED, n. 17*, 2015, pp. 1249 y ss.

[250] Vid. Kandel, E., «A new intelectual framework for Psychiatry», en *The American Journal of Psychiatry,* 155, 1998, pp. 457 y ss.

tido han llegado a proponer una nueva ética, una nueva filosofía de la vida basada en los datos cerebrales, una moral que tiene su origen en la biología del cerebro[251]. Muchas de estas posiciones se engloban en el llamado neurodeterminismo, planteamiento que reduce la moral a la biología.

El neurodeterminismo defiende que nuestra estructura ética tiene un componente biológico que nos hace singulares frente al resto de los seres vivos[252]. Ciertamente no se trata de una posición novedosa[253]. Desde la obra de Darwin, numerosos filósofos y científicos han buscado justificar la ética en la evolución[254]. Lo que singulariza estas posiciones en la actualidad es su apoyo en la neurociencia.

En todo caso, dentro del neurodeterminismo nos encontramos con distintas posiciones que suelen agruparse en compatibilistas e incompatibilistas[255]. Los compatibilistas entienden que se puede mantener a la vez, sin contradicción, que el mundo natural (y por tanto también el cerebro) funciona según relaciones de causa-efecto y a la vez que las personas actúan libremente. Los incompatibilistas, por su parte, consideran que no se pueden mantener a la vez monismo determinista y libertad, porque son incompatibles[256].

---

[251] Vid. Churchland, P.S., *El cerebro moral*, Paidos, Barcelona, 2012.

[252] Vid. Damasio, A.R., *Y el cerebro creó al hombre. ¿ Cómo pudo el cerebro generar emciones, sentimientos ideas y el yo ?,* trad. de Ferrán Meler Orti, Destino, Barcelona, 2010.

[253] Sobre el determinismo en la historia. Cortina, A., «La conquista de la libertad. Una perspectiva neuroética», en Blanco Mercadé, A. y Núñez Cubero, M.P., *La bioética y el arte de* elegir, Asociación de Bioética Fundamental y Clínica, León 2013, pp. 16 y ss.

[254] Sobre el determinismo científico y sus clases vid. Popper, K., *El universo abierto,* trad. de M. Sansigre, Tecnos, Madrid 1986, pp. 25 y ss.

[255] Van Inwagen, P., *An Essay on Free Will*, Clarendon Press, Oxford 1983, p. 55.

[256] Cortina, A., «La conquista de la libertad. Una perspectiva neuroética», en Blanco Mercadé, A. y Núñez Cubero, M.P., *La bioética y el arte de* elegir, Asociación de Bioética Fundamental y Clínica, León, 2013, p. 22.

Otro de los temas importantes del neuroderecho tiene que ver con la concepción del Derecho penal[257]. Algunos planteamientos de la neurociencia han provocado la defensa de una nueva concepción el Derecho Penal: el Derecho Penal de Medidas. Se trata de una visión enfrentada al garantismo y que se basa en nociones como la peligrosidad social o el tratamiento[258].

La neurociencia ha llegado también al proceso judicial, hasta el punto de que se habla de neuropruebas[259]. Así, se utilizan neurotecnologías para valorar el estado mental del investigado o su grado de imputabilidad. También se utiliza para realizar predicciones de peligrosidad[260]. Pero donde más se usa es la valoración de la credibilidad de los participantes en el proceso, utilizándose para ello principalmente tres técnicas: la resonancia magnética funcional por imágenes (fMRI), el denominado test brainfigerprinting y el test BEOS (Brain Electrical Oscillations Signature).

La técnica de resonancia magnética funcional (fMRI) obtiene imágenes detectando los cambios en el flujo sanguíneo ofreciendo visiones estáticas y funcionales. Se intentó utilizar sin éxito en uno de los casos paradigmáticos sobre la utilización de la neurociencia en el proceso dentro de los Estados Unidos: United States v. Semrau. 2012[261].

---

[257] Vid. Hassemer, W., «Neurociencias y culpabilidad en Derecho penal», en *InDret V2.*, 2011, pp. 1-14. También Borbón, D., «Incompatibilismo humanista: Una contrapropuesta del neuroabolicionismo penal», en *Cuadernos Electrónicos de Filosofía del Derecho, n. 45*, 2021, pp. 46 y ss.

[258] Vid. Demetrio Crespo, E. y Maroto Calatayud, M., *Neurociencias y Derecho Penal*, Edisofer, Madrid, 2013.

[259] González Lagier, D, «Neuropruebas y filosofía», en *Jueces para la Democracia, 84*, 2015, pp. 67 y ss.

[260] Bandes, S. A., «The promise ans Pitfalls of Neuroscience for Criminal Law and Procedure», *Ohio State Journal of Criminal Law, vol. 8*, 2010.

[261] Vid. Pardo, S.M., «Lying, Deception and fMRI: A Critical Update», en Donnelly-Lazarov, B. (ed.), *Neurolaw and Responsability for action*, Cambridge University Press, 2018, pp. 143 y ss.

El test brainfigerprinting se apoya en la aplicación de los potenciales evocados, técnicas que utilizan estímulos sensitivos (visuales, auditivos o táctiles eléctricos) y registran las respuestas cerebrales que éstos provocan. En concreto este test utiliza la onda P-300 (por la que se detecta la presencia de conocimiento sobre un hecho). Así, se muestra a la persona frases, instrumentos, lesiones, etc..., relacionados con el suceso y el sistema analiza matemáticamente las respuestas de la onda cerebral P-300, determinando el porcentaje de información «presente» (almacenada en el cerebro) o «ausente». En los Estados Unidos existe un polémico neurocientífico especializado en esta técnica que ha sido utilizada en varios casos: el doctor Larry Farwell. Harrington v. State, TS de Iowa, 2001 (https://caselaw.findlaw.com/ia-supreme-court/1014599.html) , es un célebre caso en el que se utilizó este test[262].

El test BEOS también se apoya en los potenciales evocados y es utilizado para identificar a personas que han participado en un delito ya que permite conocer el conocimiento experimental. Fue desarrollado por Champadi Raman Mukundan, neurocientífico, y ha sido utilizado en varios casos judiciales en la India[263].

La utilización de estas técnicas es todavía muy polémica[264], y puede afectar tanto al debido proceso como a otros derechos

262 Se trata del asesinato de un policía en 1977. Harrington es considerado culpable, a pesar de tener una coartada, por el testimonio de un testigo. Pasados 19 años la defensa presentó nuevos argumentos y entre ellos, un informe del doctor Farwell. En el informe se decía que Harrington se había sometido dos veces al test brainfingerprinting y que los resultados habían sido: 99,9% de información ausente sobre el crimen y 99,9% de información presente sobre su coartada. Cuando el testigo supo del informe, modificó su testimonio y reconoció que había mentido, lo que provocó la reapertura del juicio, anulándose la condena e indemnizándose a Harrington.

263 Vid. Mukundan, C.R., y otros. «Brain Electrical Oscillations Signature Profiling (BEOS) for Measuring the Process of Remembrance». *EC Neurology 8.6*, 2017, pp. 217 y ss.

264 Sobre ello vid. Villamarín López, M., *Neurociencia y detección de la verdad y del engaño en el proceso penal. El uso del escáner cerebral (FMRI) y del brainfingerprinting (P300)*, Marcial Pons, Madrid, 2014.

fundamentales[265]. Sin embargo, en este trabajo me voy a centrar en la demanda de los neuroderechos.

2. NEURODERECHOS

En un trabajo publicado como editorial del volumen 15 de la publicación *Frontiers in Human Neurosciencie*, en 2021, E. García López, J.M. Muñoz y R. Andorno lanzan las siguientes preguntas: «¿Cómo podemos aprovechar las promesas terapéuticas y diagnósticas de las neurotecnologías y la IA sin poner en riesgo la dignidad humana y los derechos humanos? En otras palabras, ¿cómo podemos hacer compatibles estos avances tecnológicos con lo que podemos llamar «libertad mental», incluyendo así valores como la identidad personal, la privacidad mental, la libertad cognitiva, la continuidad psicológica, la integridad mental y otros? ¿Cuáles serían las políticas adecuadas para garantizar esta compatibilidad? ¿Cómo deberían los legisladores y los organismos internacionales de derechos humanos responder a estos desafíos? Más específicamente, ¿necesitamos desarrollar nuevos derechos humanos en esta área? O, más modestamente, ¿deberían los legisladores ampliar los derechos existentes para cubrir la nueva gama de problemas que plantean las neurotecnologías?»[266].

Los neuroderechos pueden definirse como las exigencias y pretensiones éticas que pretenden proteger y preservar la mente y el cerebro de las personas.

---

[265] Vid. Taruffo, M., «Proceso y Neurociencia: aspectos generales», en Taruffo, M. y Nieva, J. (dirs.), *Neurociencia y proceso judicial*, Marcial Pons, Madrid, 2013, pp. 15 y ss.

[266] García López, E., Muñoz, J.M. y Andorno, R., «Neurorights and Mental Freedom: Emerging Challenges to Debates on Human Dignity and Neurotechnologies», en *Frontiers in Human Neurosciencie, vol. 15*, 2021.

2.1. LA APARICIÓN DE LOS NEURODERECHOS

El discurso de los neuroderechos está siendo promovido, principalmente por científicos. En concreto hay dos nombres que destacan sobre otros: Rafael Yuste y Marcello Ienca. Pero a estos hay que unir el nombre de Wrye Sententia, quien junto a Richard Glen Boire, se refirió por primera vez a la necesidad de reconocer un derecho relacionado con la neurociencia: la libertad cognitiva.

Para Sententia, la libertad cognitiva es «el derecho y la libertad de controlar la propia conciencia y el proceso de pensamiento electroquímico»[267]. Se trata de un derecho que constituye la base del resto de derechos fundamentales. La línea argumentativa de Sententia fue seguida por J.C. Bublitz, quien se refirió al derecho a la autodeterminación mental como el derecho que garantiza la soberanía de un individuo sobre su mente (derecho a alterar los estados mentales propios y a negarse a que se produzca dicha alteración)[268]. En 2017, P. Sommaggio, M. Mazzocca, A. Gerola y F. Ferro, destacando la importancia de la libertad cognitiva, consideraban que era la base para una fututa declaración de neuroderechos humanos[269].

Según Marcelo Ienca[270], el término neuroderechos fue introducido por primera vez en un trabajo publicado por él

---

[267] Sententia, W., «Neuroethical considerations: cognitive liberty and converging technologies for improving human cognition», en *Annals of the New York Academy of Science*, 1013, 2004, pp. 221 y ss.

[268] Vid. Bublitz, J.C., «My mind is mine!? Cognitive liberty as a legal concept,» en *Cognitive Enhancement*, ed. H. Franke, H. (ed.), Springer, Berlin 2013, pp. 233 y ss.

[269] Sommaggio, P, Mazzocca, M., Gerola, A. y Ferro, F., «Cognitive liberty. A first step towards a human neuro-rights declaration», *BioLaw Journal-Rivista di BioDiritto, n. 3*, 2017, pp. 27 y ss. Y en el mismo sentido, más adelante, Sommaggio, P. y Mazzocca, M., «Cognitive Liberty and Human Rights,» en *Neuroscience and Law*, D'Aloia, A. y Errigo, M., Springer, Cham 2020, pp. 95 y ss.

[270] Ienca, M., «On neurorights», cit.

junto a R. Andorno en 2017[271]. En este trabajo, Ienca y Andorno, después de analizar las principales normas de derechos humanos concluyeron con que estas no eran suficientes para protegernos frente a la neurotecnología, por lo que era necesario adaptar los derechos existentes e incluso crear nuevos derechos. Más adelante, en otro trabajo[272], estos mismos autores identificaron cuatro nuevos derechos, llamados neuroderechos: el derecho a la libertad cognitiva, el derecho a la privacidad mental, el derecho a la integridad mental y el derecho a la continuidad psicológica.

Ese mismo año Rafael Yuste, junto a otros científicos todos ellos pertenecientes al grupo Morningside (formado por neurocientíficos, neurotecnólogos, clínicos, especialistas en ética e ingenieros de Inteligencia Artificial), publica en *Nature* un artículo titulado «Cuatro prioridades éticas para las neurotecnologías y la Inteligencia Artificial»[273].

Para los autores de este trabajo, «estamos en el camino hacia un mundo en el que será posible decodificar los procesos mentales de las personas y manipular directamente los mecanismos cerebrales subyacentes a sus intenciones, emociones y decisiones; donde los individuos podrían comunicarse con otros simplemente pensando; y donde los poderosos sistemas computacionales vinculados directamente al cerebro de las personas ayudan en sus interacciones con el mundo de tal manera que sus habilidades mentales y físicas mejoran enormemente».

---

271 Ienca, M. y Andorno, R., «A New Category of Human Rights: Neurorights», 2017. Disponible en http://blogs.biomedcentral.com/bmc-blog/2017/04/26/new-category-human-rights-neurorights/ .

272 Ienca, M. y Andorno, R., «Hacia nuevos derechos humanos en la era de la neurociencia y neurotecnología», en *Análisis Filosófico, 41 (1),* mayo 2021, p. 155. El trabajo original fue: «Towards new human rights in the age of neuroscience and neurotechnology», en *Life Sciences, Society and Policy,* 13:5, 2017.

273 Yuste, R., Goering, S., Bi, G., Carmena, J. M., Carter, A., Fins, J. J., y otros. «Four ethical priorities for neurotechnologies and AI», en *Nature,* vol. 551, 2017, pp. 159 y ss.

En este sentido, la convergencia de los desarrollos en neurotecnologías e Inteligencia Artificial ofrecen cosas diferentes. Por ejemplo permiten la vinculación directa del cerebro de las personas con la inteligencia de la máquina, eludiendo las funciones normales del cerebro y el cuerpo.

Esta convergencia tecnológica podría agrandar las desigualdades sociales y ofrecer nuevas formas de explotar y manipular a las personas. Pero sobre todo, podría alterar profundamente algunas características humanas fundamentales: la vida mental privada, la agencia individual y la comprensión de los individuos como entidades unidas con sus cuerpos. Y frente a todo esto, las pautas éticas existentes son insuficientes.

En este sentido, los autores presentan recomendaciones relacionadas con cuatro áreas de preocupación: privacidad y consentimiento; agencia e identidad; mejora; y sesgo.

En relación con la privacidad y el consentimiento, consideran que los ciudadanos deben tener el derecho de mantener la privacidad de sus datos neuronales. Para ello proponen tres medidas. La primera consiste en establecer que la capacidad de optar por no compartir sea la opción predeterminada y protegida de manera asidua, no como ocurre ahora. Así, las personas tendrían que optar explícitamente por compartir datos neuronales desde cualquier dispositivo. Todo ello, según estos autores, implicaría un proceso seguro y protegido, que incluiría un procedimiento de consentimiento en el que se especificaría quién utilizará los datos, con qué fines y durante cuánto tiempo. La segunda consiste en establecer una regulación estricta de la venta, transferencia comercial y uso de datos neuronales. Una regulación que limite la posibilidad de que las personas renuncien a sus datos neuronales de manera parecida a la que prohíbe la venta de órganos humanos. La tercera consiste en la restricción del procesamiento centralizado de datos neuronales.

En lo que se refiere a la agencia (capacidad para elegir nuestras acciones) y la identidad (integridad física y mental), los autores consideran que deben protegerse como derechos humanos y para ello abogan por la creación de una convención internacional para definir acciones prohibidas relacionadas con la neurotecnología y la Inteligencia Artificial. Junto a ello proponen que los formularios de consentimiento se refieran también a los posibles efectos cognitivos y emocionales de las neurotecnologías.

Respecto a la mejora proponen el establecimiento de directrices tanto a nivel internacional como nacional que establezcan límites a las neurotecnologías de mejora, al igual que sucede con la edición de genes. De manera particular, los autores recomiendan que se regule estrictamente el uso de tecnología neuronal con fines militares.

Y en relación con el sesgo, en el trabajo se defiende la idea de que las medidas para combatir los prejuicios se conviertan en la norma del aprendizaje automático y, junto ello, la participación de los destinatarios probables de las tecnologías en el diseño de algoritmos y dispositivos. Esto últimos con el objetivo de que los sesgos se aborden desde las primeras etapas del desarrollo tecnológico.

En 2021, Rafael Yuste publica junto a otros autores, varios trabajos sobre la importancia de los neuroderechos. Entre estos trabajos destacaré dos: «Recomendaciones para una aplicación y un desarrollo responsable de las neurotecnologías» y «Es el tiempo de los neuroderechos».

El primero de ellos lo publica con la filósofa Sara Goering y otros investigadores[274]. En él se advierte de las consecuencias negativas que podrían surgir del desarrollo o la aplicación no regulada de las nuevas neurotecnologías, y se proponen cuatro medidas: «(1) cumbres democráticas e inclusivas para establecer pautas éticas y sociales coordinadas a nivel mundial para el desarrollo y la aplicación de la neurotecnología; (2) nuevas medidas, incluidos los neuroderechos, para la privacidad de los datos, la seguridad y el consentimiento para potenciar el con-

[274] Yuste, R., Goering, S. y otros, «Recommendations for Responsible Development and Application of Neurotechnologies», en *Neuroethics,* abril de 2021.

trol de los usuarios sobre sus datos, (3) nuevos métodos para identificar y prevenir sesgos, y (4) la adopción de pautas públicas para la distribución segura y equitativa de dispositivos neurotecnológicos».

«Es el tiempo de los neuroderechos» es publicado por Yuste y dos juristas, J. Genser y S. Herrmann [275]. El artículo comienza afirmando que los avances tecnológicos están redefiniendo la vida humana y están transformando el papel de los seres humanos en la sociedad: «La neurotecnología tiene un enorme potencial para mejorar la condición humana y hacer avanzar nuestra especie, pero, precisamente porque puede ser tan transformadora, también plantea desafíos fundamentales de derechos humanos que nunca fueron previstos por los tratados internacionales de derechos humanos actuales. En consecuencia, los tratados existentes no pueden ofrecer la protección sólida y completa de los derechos humanos que requiere un mundo neurotecnológico. En cambio, la era actual exige un marco de protección novedoso: los neuroderechos».

Para Yuste, Genser y Herrmann, la neurotecnología a diferencia de las tecnologías predecesoras, interactúa directamente con el cerebro y lo afecta, y en este sentido, aborda de manera única dos desafíos éticos novedosos: la privacidad mental y la agencia humana. La primera se refiere a la presunción de que el contenido de la mente de una persona solo es conocido por esa persona; la segunda tiene que ver con el libre albedrío y la autonomía corporal de una persona.

Los neuroderechos surgen para proteger a las personas de las preocupaciones únicas asociadas con la neurotecnología. Estos neuroderechos son, según estos autores cinco. El primero es el derecho a la identidad, o la capacidad de controlar la integridad física y mental de uno, ante el riesgo de los cambios que se pueden producir en esta por los efectos de la conexión

[275] Yuste, R., Genser, J., y Herrmann, S., «It's Time for Neuro-Rights», en *Horizons*, Center for International Relations and Sustainable Development, 2021, pp. 154 y ss.

de nuestro cerebro a interfaces inteligentes. El segundo es el derecho a la agencia, o la libertad de pensamiento y el libre albedrío para elegir las propias acciones, ante el riesgo de que sea la máquina conectada con nuestro cerebro quien lleve a cabo la elección. El tercero es el derecho a la privacidad mental, o la capacidad de mantener los pensamientos protegidos contra la divulgación, ante el riesgo de que estos pensamientos sean extraídos de nuestro cerebro. El cuarto es el derecho al acceso igual a la mejora mental, o la capacidad de asegurar que los beneficios de las mejoras en la capacidad sensorial y mental a través de la neurotecnología se distribuyan de manera justa entre la población. Y el quinto es el derecho a la protección contra el sesgo algorítmico, o la capacidad de garantizar que las tecnologías no introduzcan prejuicios[276].

Para el reconocimiento y la satisfacción de estos neuroderechos Yuste, Genser y Herrmann proponen una serie de medidas, tres a corto plazo (destinadas a construir una definición consensuada de neuroderechos y con ello consolidar la investigación en neurotecnología y las prácticas regulatorias) y cuatro a largo plazo (destinadas a desarrollar tanto un marco para la protección y promoción de los neuroderechos como un mecanismo para monitorear las actividades de los países sobre neurotecnología).

Las medidas a corto plazo son: a) la creación de una Comisión de Expertos en Derecho y Ciencia Internacional sobre Neuroderechos en Naciones Unidas; b) el nombramiento por Naciones Unidas de expertos altamente calificados para servir como asesores especiales sobre neuroderechos a organizaciones, instituciones e industria; c) el matenimiento de consultas periódicas con países clave por parte de los asesores y la Comisión. Las medidas a largo plazo son: a) la creación de un nuevo tratado o de un protocolo adicional a los tratados existentes para incorporar los neuroderechos; b) la elaboración de Comentarios generales sobre neuroderechos por parte de los

---

[276] Yuste, R., Genser, J., y Herrmann, S., «It's Time for Neuro-Rights», cit.

Comités de seguimiento de los tratados; c) el nombramiento de un Relator especial sobre el impacto de la neurotecnología en los derechos humanos; d) la creación de una agencia especializada para coordinar las actividades globales de neuroderechos y ayudar a codificar los neuroderechos en un tratado internacional de derechos humanos.

Ienca y Yuste, junto a un buen número de investigadores coinciden como hemos visto en afirmar que las nuevas tecnologías plantean peligros de manipulación e intervención de nuestro cerebro y sistema nervioso, lo que implica una amenaza a la integridad mental. Así, «estas nuevas amenazas recomiendan una actualización de los derechos humanos entendidos así desde una perspectiva evolutiva y adaptativa a la nueva realidad tecnocientífica» [277].

2.2. UN PRIMER CATÁLOGO DE NEURODERECHOS

En el punto anterior hemos visto la demanda de reconocimiento de neuroderechos en los trabajos de varios autores. Marcello Ienca ha clasificado estas propuestas de neuroderechos en cinco grandes grupos que conecta con derechos ya reconocidos [278].

En primer lugar, se refiere a derechos derivados de la libertad de pensamiento. Tradicionalmente, ese derecho se ha construido desde lo que podemos considerar como vertiente externa, esto es, como un derecho que protegía la manifestación del pensamiento o de la conciencia. Para algunos, se trata del derecho más relevante [279]. Sin embargo, las aplicaciones neurotec-

[277] Ausín, T., Morte, R. y Monasterio, A., «Neuroderechos: Derechos humanos para las neurotecnologías», en *Diario La Ley, n. 43*, Sección Ciberderecho, Wolters Kluwer, 8 de octubre de 2020.

[278] Ienca, M., «On neurorights», cit.

[279] Prieto, L., *Estudios sobre derechos fundamentales*, Debate, Madrid, p. 162.

nológicas ponen en peligro también la vertiente interna[280], lo que pretende protegerse a través de la llamada libertad cognitiva. Y como ya vimos, para Sententia se trataba del presupuesto del resto de derechos.

Así, en este primer grupo de derechos, Ienca incluye la libertad cognitiva (el derecho a la autodeterminación mental), el derecho a la agencia (el derecho al reconocimiento de la capacidad de elección o al libre albedrío), la libertad mental (el derecho al control consciente sobre la propia mente)[281] y la libertad de pensamiento. En relación con la libertad de pensamiento y conciencia, las neurotecnologías provocan un cambio fundamental en lo referente a su conceptualización.

En segundo lugar, se refiere a los derechos derivados de la privacidad. El derecho a la privacidad surge como mecanismo de protección de la esfera privada de las personas. En la actualidad, se trata de un derecho que ha adquirido una importante relevancia debido a las nuevas técnicas de procesamiento de la información. Estas técnicas están también presentes en la neurotecnología. Existen instrumentos que permiten revelar información de los procesos mentales o de la salud neurológica de una persona. Ienca sitúa en este grupo al derecho a la privacidad mental (el derecho de las personas contra la intrusión no consentida de terceros en sus datos cerebrales, contra la recopilación no autorizada de esos datos y contra su divulgación) y el derecho a la neuroprivacidad (el derecho a la protección de los datos neuronales o cerebrales).

En tercer lugar los derechos derivados de la integridad mental. En la historia de los derechos, es común referirse a la

[280] Vid. McCarthy Jones, S., «The Autonomous Mind: The Right to Freedom of Thought in the Twenty-First Century», *Frontiers in Artificial Intelligence*, 2019. También, Alegre, S. Regulating around freedom in the «forum internum». *ERA Forum* 21, 2021, pp. 591 y ss.

[281] Bublitz, C., «Moral Enhancement and Mental Freedom», en *Journal of Applied Philosophy, 33 (1)*, 2016, pp. 88 y ss.

integridad física y moral (art. 15 de la Constitución española), pero también a la integridad mental o psíquica (art. 5 de la Convención Americana de Derechos Humanos y art. 3 de la Carta de Derechos Fundamentales de la Unión Europea). Esta proyección del derecho a la integridad ha tenido su principal manifestación en el campo de la bioética, de la salud mental y de la ética sanitaria. En este campo, el derecho pretende proteger frente al daño psicológico, lo que para Ienca constituye un antecedente de los neuroderechos y, en concreto, del derecho a la integridad mental (el derecho de las personas a ser protegidas de manipulaciones ilícitas y nocivas de su actividad mental).

En cuarto lugar los derechos derivados de la identidad personal. La identidad personal ha sido objeto de diferentes interpretaciones. Normalmente se comprende como aquellos rasgos que definen a una persona y la hacen única. Sin embargo, no existe un acuerdo sobre cuales son los rasgos que constituyen la identidad de las personas. También se relaciona la identidad personal con aquellas circunstancias que se expresan con el ejercicio de esos rasgos y que se identifican con el libre desarrollo de la personalidad. En este sentido, la plasmación jurídica de la protección de la identidad personal viene de la mano de la integridad moral. En definitiva, identidad personal tiene que ver con condición y plan de vida y supone la protección de ambos. En el campo de la neurotecnología implica protección frente a cualquier aplicación que interfiera en estos rasgos, con independencia de que pueda discutirse en muchos casos los rasgos de los que hablamos. Así, el derecho a la identidad personal es tanto el derecho a preservar «la identidad personal de las personas y la continuidad de su mentalidad»[282], como el derecho de controlar tanto la integridad física como mental[283].

---

282 Ienca, M. y Andorno, R., «A New Category of Human Rights: Neurorights», cit.

283 Yuste, R., «It's Time for Neuro-Rights», cit.

Y en quinto lugar habla de dos derechos relacionados con la promoción de requisitos necesarios para la realización de los otros derechos: el derecho a un acceso justo a la mejora mental y el derecho a la protección contra el sesgo algorítmico. Se trata de derechos que Ienca presenta bajo la denominación de «otros corolarios éticos» pero que, en realidad, se refieren a uno de los grandes principios (y derechos) del discurso de los derechos humanos: la igualdad y la no discriminación.

Pues bien, si nos fijamos en estos cinco grupos de derechos, podremos advertir que algunos de los problemas que pretenden responder son comunes a los retos que nos plantean otras tecnologías. También podemos observar como algunas de sus proyecciones están íntimamente ligadas al tratamiento habitual de algunos derechos. Sin embargo, hay una cuestión que en mayor o menor medida está presente en los diferentes tipos de neuroderechos: la protección de la identidad personal.

2.3. UNAS PRIMERAS PLASMACIONES DE LOS NEURODERECHOS

Las demandas sobre la necesidad de reconocer neuroderechos han tenido ya dos plasmaciones en el ámbito del Derecho positivo. Una de ellas se ha producido en el Derecho chileno y la otra en el Derecho español, si bien con un alcance menor.

En Chile, se ha presentado una enmienda al artículo 19 de la Constitución, referido al derecho a la vida y a la integridad física y psíquica de la persona. Y en la misma línea un proyecto de Ley sobre sobre protección de los neuroderechos y la integridad mental, y el desarrollo de la investigación y las neurotecnologías[284].

[284] Vid. al respecto Reche Tello, N., «Nuevos derechos frente a la neurotecnología: la experiencia chilena», en *Revista de Derecho Político, n. 112*, 2021, pp. 415 y ss.

Los objetivos de este proyecto de Ley son tres y aparecen en su artículo 1: «a) proteger la integridad física y psíquica de las personas, a través de la protección de la privacidad de los datos neuronales, del derecho a la autonomía o libertad de decisión individual, y del acceso sin discriminaciones arbitrarias a aquellas neurotecnologías que conlleven aumento de las capacidades psíquicas. b) fomentar la concordancia entre el desarrollo de neurotecnologías e investigación médico-clínica con los principios éticos de la investigación científica y médica y así sean favorables al bien y beneficio común. c) garantizar la información a los usuarios de neurotecnologías sobre sus potenciales consecuencias negativas y efectos secundarios, y el derecho al control voluntario sobre el funcionamiento de cualquier dispositivo conectado a su cerebro». La Ley posee un Título destinado a la protección de la integridad y privacidad mental y otro sobre el desarrollo de la investigación y el avance de las neurotecnologías.

Los neuroderechos son definidos como «Nuevos derechos humanos que protegen la privacidad e integridad mental y psiquica, tanto consciente como inconsciente, de las personas del uso abusivo de neurotecnologías» (art. 2 del proyecto de Ley). Los datos neuronales son considerados como datos sensibles de salud (art. 6 del poryecto de Ley) y su recopilación, almacenamiento, tratamiento y difusión se ajustará a la normativa sobre trasplante y donación de órganos.

El proyecto de Ley prohíbe «cualquier intromisión o forma de intervención de conexiones neuronales o intrusión o a nivel cerebral mediante el uso de neurotecnología, interfaz cerebro computadora o cualquier otro sistema o dispositivo, que no tenga el consentimiento libre, expreso e informado, de la persona o usuario del dispositivo, inclusive en circunstancias médicas. Aun cuando la neurotecnología posea la capacidad de intervenir en ausencia de la conciencia misma de la persona» (art. 3 del proyecto de Ley). Igualmente se prohíbe cualquier sistema o dispositivo que tenga por finalidad «acceder o manipular la actividad neuronal, de forma invasiva o no invasiva, si puede dañar la continuidad psicológica y psíquica de la persona, es decir su identidad individual, o si disminuya o daña la automomía de su voluntad o capacidad de toma de decisión en libertad». De esta manera, se afirma que el «límite de cualquier intervención de conexiones neuronales será siempre la protección de los sustratos mentales de la identidad personal», si bien se admiten dos excepciones cuya regulación será la vigente en el ámbito sanitario: la investigación y la terapia clínico-médicas (art. 4 del proyecto de Ley).

Además, el proyecto obliga a que los formularios sobre consentimiento de intervenciones neurotecnológicas indiquen los posibles efectos físicos, cognitivos y emocionales de su aplicación, los derechos y deberes, las normas sobre privacidad y protección de la información, las medidas de seguridad adoptadas, y las contraindicaciones.

En lo referido a la investigación, se afirma en el proyecto que debe tener como límite la integridad física y psíquica de las personas, y se establece como obligaciones del Estado el desarrollo de investigación beneficiosa y la garantía de un acceso equitativo a los avances en neurotecnología y neurociencia.

En España, la Ley Orgánica 3/2018, de 5 de diciembre, de Protección de Datos Personales y garantía de los derechos digitales, llega a reconocer hasta 17 derechos digitales: derecho a la neutralidad de Internet; derecho de acceso universal a Internet; derecho a la seguridad digital; derecho a la educación digital; protección de los menores en Internet; derecho de rectificación en Internet; derecho a la actualización de informaciones en medios de comunicación digitales; derecho a la intimidad y uso de dispositivos digitales en el ámbito laboral; derecho a la desconexión digital en el ámbito laboral; derecho a la intimidad frente al uso de dispositivos de videovigilancia y de grabación de sonidos en el lugar de trabajo; derecho a la intimidad ante la utilización de sistemas de geolocalización en el ámbito laboral; derechos digitales en la negociación colectiva; protección de datos de los menores en Internet; derecho al olvido en búsquedas de Internet; derecho al olvido en servicios de redes sociales y servicios equivalentes; derecho de portabilidad en servicios de redes sociales y servicios equivalentes; derecho al testamento digital. Como podrá observarse son derechos referidos a las tecnologías convergentes pero con una proyección limitada en el campo de las neurotecnologías.

En esa misma línea, en julio de 2020 se aprobó el Plan España Digital, que recoge un conjunto de medidas, reformas e inversiones, articuladas en diez ejes estratégicos, siendo uno de ellos el de la garantía de los derechos de ciudadanía en el nuevo entorno digital y estableciendo como meta una carta nacional sobre derechos digitales. En diciembre del mismo año se aprueba la Estrategia Nacional de Inteligencia Artificial de España, uno de cuyos ejes estratégicos consiste en establecer un marco ético y normativo que refuerce la protección de los derechos individuales y colectivos, a efectos de garantizar la inclusión y el bienestar social.

Y en ese marco, se ha elaborado la propuesta de Carta de Derechos Digitales, un documento que no tiene carácter normativo y que pretende plasmar los retos que la adaptación de los derechos al entorno digital plantea, así como sugerir principios y políticas referidas a ellos en el citado contexto. La Carta estructura los derechos en cinco grandes apartados: derechos de libertad, derechos de igualdad, derechos de participación y de conformación del espacio público, derechos del entorno laboral y empresarial y derechos digitales en entornos específicos. La Carta se refiere a 26 derechos y posee un apartado dedicado a los derechos digitales en el empleo de las neurotecnologías. Se trata de un apartado muy genérico y limitado pero que supone ya un primer paso en el reconocimiento de los neuroderechos.

Así, en la Carta se afirma que el empleo de las neurotecnologías deberá hacerse garantizando el control de cada persona sobre su propia identidad, la autodeterminación individual, soberanía y libertad en la toma de decisiones, y asegurando: (i) la confidencialidad y seguridad de los datos obtenidos o relativos a sus procesos cerebrales; (ii) el pleno dominio y disposición sobre estos datos; (iii) que las decisiones y procesos basados en neurotecnologías no sean condicionadas por el suministro de datos, programas o informaciones incompletos, no deseados, desconocidos o sesgados. Así mismo se señala que deberá regularse el uso de interfaces persona-máquina susceptibles de afectar a la integridad física o psíquica, y que la ley podrá regular aquellos supuestos y condiciones de empleo de las neurotecnologías que, más allá de su aplicación terapéutica, pretendan el aumento cognitivo o la estimulación o potenciación de las capacidades de las personas, todo ello para garantizar la dignidad de la persona, la igualdad y la no discriminación, y de acuerdo en su caso con los tratados y convenios internacionales.

3. DE NUEVO SOBRE LA IDENTIDAD

Dentro de las propuestas de neuroderechos, hay dos derechos que poseen una importancia singular y cuya configuración requiere responder a una pregunta que ha acompañado a la humanidad: qué es aquello que nos identifica como personas. Se trata del derecho a la identidad y del derecho al libre albedrío.

He señalado en el primer trabajo de este libro que la identidad personal posee dos dimensiones que podríamos denominar como ontológicas: la condición y la situación. Y además, una dimensión funcional: el proyecto de vida que define una vida humana digna. Pues bien, creo que para la determinación de su significado y posible construcción como derecho, el conocimiento y tratamiento del discurso de los derechos de las personas con discapacidad puede ser interesante. No olvidemos que el discurso de los derechos tiene que ver con vida humana digna y que las dos dimensiones ontológicas a las que me acabo de referir son las normalmente utilizadas para definir a las personas con discapacidad.

En efecto, la definición actual de persona con discapacidad en los textos normativos combina condición (deficiencias) con situación (barreras). El discurso de los derechos de las personas con discapacidad pone el énfasis en la segunda de las dimensiones sin descuidar la primera. Se trata de un discurso que se separa de la visión tradicional de la discapacidad, la del llamado modelo médico, que se centraba en la condición y no en la situación. Ahora bien, el derecho a la identidad obliga a prestar también atención a la condición, algo por otro lado que no es tampoco novedoso en el tratamiento de la discapacidad. No pasemos por alto como por ejemplo en el campo de la salud mental, el uso de tecnología para corregir trastornos (que pueden ser entendidos como identidades) ha estado durante mucho tiempo permitido (por cierto sin que esto haya producido socialmente la inquietud que ahora produce la neurotecnología). Y no pasemos por alto tampoco que en muchos ordenamientos jurídicos que están adaptando su legislación en materia de capacidad jurídica a la Convención sobre los Derechos de las Personas con Discapacidad de Naciones Unidas, la identidad personal cobra un especial relieve por ejemplo a través de la determinación de la trayectoria vital, referencia obligada a la hora de llevar a cabo, de manera excepcional, funciones representativas.

4. LA NECESIDAD DE CONSTRUIR UNA TEORÍA DE NEURODERECHOS COMO DERECHOS HUMANOS

Las propuestas sobre los neuroderechos están teniendo una buena acogida. Recientemente E. Cáceres Nieto, J. Díez García, y E. García García, publicaban un trabajo en el que propugnan el reconocimiento de una nueva generación de derechos humanos representada por los cinco neuroderechos defendidos por Yuste y otros: el derecho a la preservación de la identidad personal, el derecho a la no interferencia en la libertad de decisión, el derecho a la privacidad de datos neuronales, el derecho a la equidad en el mejoramiento de la capacidad cerebral, y el derecho a la protección frente a los sesgos de los algoritmos[285].

[285] Cáceres Nieto, E., Díez García, J., García García, E., «Neuroética y neuroderechos», en *Revista del posgrado en derecho de la UNAM, n. 15,* julio - diciembre de 2021, pp. 1 y ss.

Pero las propuestas también han sido objeto de crítica. En 2020, D. Borbón, L. Borbón y J. Laverde, publican un trabajo en el que afirman: «Si bien es imperativo que frente al catalizado avance de las neurotecnologías se planteen claros límites éticos y jurídicos, consideramos que algunas de las propuestas de la iniciativa de los NeuroDerechos pueden llegar a ser inconvenientes o innecesarias. Hacemos un enfático llamado a la discusión académica, social y política plural antes de considerar aprobar la incorporación de los neuroderechos humanos»[286].

López-Silva y Madrid, reflexionando sobre la oportunidad o no del reconocimiento de neuroderechos en el ámbito chileno, han considerado necesario establecer algún tipo de legislación al respecto, pero sin embargo se han mostrado críticos con la necesidad de reconocer nuevos derechos constitucionales. En todo caso, para estos autores, la regulación de la neurotecnología debe tener una doble finalidad. Por un lado, «consagrar la protección de los «datos neuronales» que corresponden a los particulares», y por otro, «impedir que las tecnologías neurocientíficas puedan alterar las decisiones libres de dichos particulares sin su consentimiento, mediante acciones positivas destinadas a ello»[287].

Y recientemente D. Borbón y L. Borbón han señalado que la propuesta de los neuroderechos debe ser revisada extensamente. Según estos autores, es relevante cuestionar la necesidad de crear una nueva categoría de derechos humanos: «La mayoría de los sistemas legales nacionales e internacionales ya protegen la libertad, el consentimiento, la igualdad, la integridad, la privacidad y la información». Los neuroderechos propuestos presentan problemas de concreción y en muchos casos resultan contradictorios. En este sentido consideran más útil preparar a los

---

[286] Borbón, D, Borbón, L. y Laverde, J., «Análisis crítico de los NeuroDerechos Humanos al libre albedrío y al acceso equitativo a tecnologías de mejora», en *Ius et Sciencia, vol. 6, n. 2*, 2020, p. 146.

[287] López-Silva, P. y Madrid, R., «Sobre la conveniencia de incluir los neuroderechos en la Constitución o en la Ley», en *Revista Chilena de Derecho y Tecnología, vol. 10, n. 1*, 2021.

operadores jurídicos «para interpretar adecuadamente los derechos constitucionales considerando los desafíos presentados por las neurotecnologías. De la misma manera, se deben establecer regulaciones legales e internacionales claras, extensas y suficientes para abordar satisfactoriamente los límites a las neurotecnologías. Además, el alcance y los límites de cada derecho deben analizarse adecuadamente antes de intentar incorporarlos»[288]. Estos mismos autores junto a León Bustamante han criticado algunos de estos neuroderechos desde el argumento que abren la puerta a las intervenciones de mejora[289].

En España, Vanesa Morente se ha referido a estas propuestas de manera crítica. Para la profesora Morente «si los bienes jurídicos que pretenden garantizar los neuroderechos son la intimidad, la privacidad, la libertad, la dignidad humana y el acceso equitativo a los recursos científicos, hemos de concluir que ya se encuentran reconocidos y garantizados en la declaración universal de derechos humanos de 1948»[290]. Por otro lado, también plantea reparos a la justificación de alguno de estos neuroderechos, como por ejemplo, el del acceso equitativo a la mejora, al legitimar las intervenciones de mejora y el perfeccionamiento humano.

En cualquier caso, la aplicación de las neurotecnologías en cuestiones sociales es una realidad que es preciso afrontar[291]. Y no cabe duda de que este es el momento de hacerlo.

---

[288] Borbón, D. y Borbón, L., «A Critical Perspective on NeuroRights: Comments Regarding Ethics and Law», en *Frontiers in Human Neuroscience, vol. 15*, 2021.

[289] Borbón, D., Borbón, L y León Bustamante, M.A., «NeuroRight to Equal Access to Mental Augmentation: Analysis from Posthumanism, Law and Bioethics», en *Revista Iberoamericana de Bioética, n. 16*, pp. 1 y ss.

[290] Morente Parra, V., «La inteligencia híbrida: ¿Hacia el reconocimiento y garantía de los neuroderechos», en Llano Alonso, F.H. y Garrido Martín, J., Inteligencia Artificial y Derecho. *El jurista ante los retos de la era digital,* Aranzadi, Pamplona, 2021, p. 273.

[291] Vid. Ienca, M., «Tra cervelli e macchine: riflessioni su neurotecnologie e su neurodiritti», en *notizie di Politeia, XXXV, 133*, 2019, p. 59.

Como hemos visto, algunos han propuesto comenzar a trabajar en una especie de «Declaración universal sobre neurociencia y derechos humanos». Incluso hay quien ha señalado ya algunos de sus contenidos. Así por ejemplo se han propuesto como principios básicos, la afirmación del valor de la dignidad humana, de la identidad personal y de la singularidad de cada ser humano; el principio relacional (la identidad mental está también construida con las aportaciones de otros), el libre desarrollo de la personalidad; el principio de autonomía y consentimiento informado; el principio de precaución; el principio de beneficencia y no maleficencia; el principio de no discriminación, con especial atención a las personas en situación de vulnerabilidad; el principio del acceso justo; el principio del debido proceso...[292].

En cualquier caso, esta tarea requiere abordar importantes cuestiones que afectan a la teoría general de los derechos y posee por tanto dimensiones éticas, políticas y jurídicas. Entre estas cuestiones destacaré cinco.

La primera tiene que ver con su consideración como nuevos derechos. Como hemos visto, algunos autores consideran que los neuroderechos son una adaptación de los derechos humanos a la realidad de las neurotecnologías, mientras que otros, parecen considerarlos como derechos independientes. Se trata de una discusión que suele estar presente cuando aparecen nuevas demandas de derechos y que siempre está condicionada por el argumento de la inflación (cuanto más se amplia la lista de los derechos existen menos posibilidades de protección especial).

La segunda cuestión tiene que ver con el fundamento de los neuroderechos. Como es sabido, el problema del fundamento de los derechos tiene que ver con las preguntas sobre su «por qué» y su «para qué». Tradicionalmente, el fundamento de los

---

[292] Pizzetti, F.G., «A proposal for a: «Universal Declaration on Neuroscience and Human Rights», en *Bioethical Voices, June 2017, Year 3, Issue 10,* pp. 5 y 6.

derechos se asocia a principios y valores como la dignidad, la libertad, la igualdad o la solidaridad. Pues bien, se trata de saber si los neuroderechos se fundamentan en estos valores y si estos poseen un peso similar en su satisfacción.

Una tercera cuestión afecta a lo que en la teoría de los derechos se denomina como concepto de los derechos[293] y tiene que ver con su consideración como derechos morales, naturales, humanos, fundamentales... Se trata de una disputa teórica pero que posee importantes proyecciones prácticas.

La cuarta cuestión tiene que ver con su propia configuración y delimitación. Y es que no solo no existe un acuerdo sobre el catálogo de los neuroderechos; tampoco hay un acuerdo sobre su significado y alcance. En este punto adquiere relevancia abordar su papel en el sistema jurídico; las obligaciones que generan tanto para los poderes públicos como para los particulares y, concretamente para los científicos y las industrias; su relación con los otros derechos.

Por último es necesario investigar sobre las formas de protección de estos derechos. No sabemos si los instrumentos tradicionales de garantía de los derechos humanos son eficaces o si es necesario crear nuevas formas de protección que permitan garantizar los bienes que están en juego.

Ahora bien, debemos ser conscientes de que la protección de estos bienes no se consigue solo con normas y declaraciones. Es necesario que los derechos sean parte de la formación de todos aquellos implicados en las nuevas tecnologías y, también, sean contenido de los programas educativos.

Y en este punto, tengo que reconocer la perplejidad que me produce observar cómo, en la actualidad, asistimos a un proceso de incorporación de las nuevas tecnologías al ámbito educativo (algo muy necesario), acompañado de otro proceso que disminuye e incluso rechaza la educación en derechos humanos.

---

293 De Asís, R., *Sobre el concepto y el fundamento de los derechos: una aproximación dualista*, Dykinson, Madrid, 2001.

En el campo de la educación en las nuevas tecnologías, el 11 de enero de 2018, la Comisión Europea lanzaba el Plan de Acción de Educación Digital compuesto por 3 prioridades y 11 acciones que buscan fomentar y apoyar el uso de la tecnología en educación así como el desarrollo de la competencia digital. Las prioridades son: (i) hacer un mejor uso de la tecnología digital para la enseñanza y el aprendizaje; (ii) desarrollar competencias y habilidades digitales de relevancia para la transformación digital; (iii) mejorar los sistemas educativos a través del análisis de datos y procesos de previsión. En España, el Ministerio de Educación está poniendo en marcha, en colaboración con las Comunidades Autónomas, la Escuela de Pensamiento Computacional, cuyo objetivo es, según el Ministerio, ofrecer recursos educativos abiertos, formación y soluciones tecnológicas que ayuden a los docentes a incorporar estas habilidades en las aulas.

Por otra parte, la historia reciente de la educación en derechos humanos en España es conocida. La supresión, en su momento, de la asignatura de educación para la ciudadanía y la conversión de la llamada educación cívica y constitucional en materia transversal, fueron una buena prueba de la importancia que se daba a estos contenidos. Y ello con independencia de que en los objetivos de la Educación Secundaria y del Bachillerato se aludiera al conocimiento de los derechos, y que en el currículo de la Educación Secundaria, apareciera, como una de las competencias, las llamadas competencias cívicas, dentro de las cuales se hacía mención a los derechos humanos. Ciertamente ahora en la nueva normativa parece que el panorama puede cambiar, si bien, sigue sin existir una educación en derechos humanos y sí una educación en valores cívicos y éticos.

No hay formación estructurada en derechos humanos (ni en los colegios ni en la formación del profesorado) y la transversalidad en este punto no funciona. Y esto es manifiesto en las diferentes iniciativas en el campo de las nuevas tecnologías a las que me he referido antes. Así, en las once acciones del Plan de la Comisión Europea, no hay alusión alguna a los derechos (lo más cercano es alguna referencia a la no discriminación, principalmente en cuestión de género, y a temas de seguridad vinculados a la privacidad). Y algo parecido ocurre en España si nos fijamos en los distintos programas ofrecidos por diferentes entidades y dirigidos a colegios e institutos que, como mucho, integran perspectivas relacionadas con los Objetivos de Desarrollo Sostenible. Resulta absolutamente necesario formar en nuevas tecnologías, pero también es absolutamente necesario que esa formación tenga en cuenta los derechos humanos.

TRANSHUMANISMO Y DISCAPACIDAD

1. INTRODUCCIÓN

La consideración del ser humano como algo singular ha acompañado a la historia de la humanidad y ha formado parte del discurso humanista de la modernidad que crea la filosofía de los derechos humanos y el ideal de la dignidad humana. Esta singularidad sirve, en este discurso, para considerar a la especie humana como única. No se trata así de una singularidad cualquiera: la singularidad que se predica de lo humano ha estado vinculada a la perfección.

Las notas de la singularidad y de la perfección se han configurado en este discurso tomando como referencia lo «normal», esto es, una construcción de aquello supuestamente común a todos los seres humanos y que básicamente es representado a través del cuerpo y la razón. Así, a la perfección se llega cuando esa construcción de lo «normal» alcanza unos rasgos que son, de nuevo, resultado de construcciones sociales y que sirven para predicar la excelencia humana. A medida que el ser se va alejando de esos rasgos su singularidad va disminuyendo y su consideración humana también.

Esta consideración de lo humano ha tenido una presencia muy relevante en la ética y en el Derecho, proyectándose, como ya he señalado, en aquellos instrumentos que constituyen el nexo de unión entre ambos, los derechos humanos, de la mano de una idea de dignidad humana construida en términos de capacidad. Detrás del ideal de dignidad humana, en el discurso humanista de la modernidad hay un concepto de persona que implica la posesión de una serie de cualidades y que establece una relación esencial entre persona y capacidad.

La capacidad ha sido siempre un rasgo esencial del concepto de agente moral, esto es, del concepto de actor de la discusión moral. En ese ámbito se habla de capacidad moral para dar cuenta de la aptitud para realizar juicios morales y proponer planes de vida. Por otro lado, la puerta de entrada al discurso jurídico ha sido el reconocimiento de la capacidad. Para poder ser titular de derechos y obligaciones es necesario tener reconocida capacidad jurídica.

Y la capacidad es también una pieza esencial de la idea de los derechos. En efecto, la teoría de los derechos humanos ha estado tradicionalmente cimentada sobre un modelo de individuo caracterizado, principalmente, por su «capacidad» para razonar, por su «capacidad» para sentir y por su «capacidad» para comunicarse. Esos atributos se presentan como elementos que justifican la dignidad humana y la existencia de derechos cuya principal función es la de proteger el desarrollo de esa dignidad, en definitiva, de esas capacidades y de su ejercicio.

La teoría de los derechos humanos incorporó al discurso sobre lo humano la dimensión del contexto, de la situación o, si se prefiere, del ambiente. Esta incorporación se manifestó a través de la idea de barrera que es esencial en este discurso.

Los derechos humanos se presentaron así como mecanismos cuya misión es proteger el desenvolvimiento de la dignidad, principalmente limitando, restringiendo o eliminando las barreras que el uso de las «capacidades» puede encontrar.

Así, los actores del discurso de los derechos humanos han sido durante mucho tiempo aquellos que superan un estándar no siempre explícito de supuesta racionalidad, esto es, las personas con capacidad. Los que no poseían la racionalidad exigida, aquellos que presentaban alguna discapacidad de raciocinio (temporal o permanente), no eran considerados como sujetos del discurso (y sí, en todo caso, objetos), quedando así su horizonte moral pendiente de la decisión de los capaces. Y esto ha provocado que durante mucho tiempo el tratamiento de estas personas haya sido una cuestión de solidaridad y no necesariamente de derechos.

Según el discurso humanista de la modernidad, en el mundo ético participan individuos dignos, esto es, capaces de razonar, sentir y comunicarse, que orientan estas capacidades hacia el logro de diferentes planes de vida, que desempeñan un papel determinado y útil para la sociedad o para la comunidad, y que adecuan sus comportamientos a un modelo de vida social. Aquellos que no tienen esas capacidades pueden tener atribuidos derechos, pero no justificados desde la idea de dignidad humana, sino como fruto de la decisión de los sujetos «capaces» al considerarlos como merecedores de dicha atribución. Desde esta consideración, la atención a la discapacidad se desenvuelve de una forma alejada del discurso de los derechos (que es un discurso de los «capaces») y vinculada a un discurso de prestaciones, asistencia y servicios.

Esta construcción de lo ético, lo jurídico y los derechos, encaja perfectamente con un tratamiento de la discapacidad que ha sido identificado como el modelo médico de la discapacidad.

Para el modelo médico, la discapacidad es un problema que tiene un origen científico. En la mayoría de los casos se trata de una cuestión de salud, esto es, de una enfermedad. Así, las personas con discapacidad se definen por su condición. Son personas con deficiencias, enfermas, fuera de lo normal.

Aunque los términos para referirse a las personas con discapacidad (minusválido, inválido, disminuido, etc...) parezcan decir otra cosa, para este modelo se trata de personas que pueden definirse en términos de dignidad. No obstante, se trata de una dignidad pasiva, de una dignidad que se posee como sujetos pacientes pero no como sujetos agentes. Es una dignidad en cierta forma concedida por las personas sin discapacidad. Por otro lado, se trata de personas que pueden aportar a la sociedad, aunque todo ello dependa del grado de rehabilitación que se consiga realizar.

Al existir una estrecha relación entre discapacidad y enfermedad, las políticas en materia de discapacidad son sanitarias y asistenciales. El objetivo del modelo médico es normalizar a las personas con discapacidad, conseguir su mayor rehabilitación. El que estas políticas sean asistenciales implica que están sujetas a la sensibilidad de los dirigentes políticos y a la existencia de fondos para sufragarlas. Por ello, en las sociedades en las que este modelo preside el tratamiento de la discapacidad, la solidaridad posee una relevancia fundamental para la satisfacción de los derechos.

Como la discapacidad es un problema, es una enfermedad y, por tanto, algo que se padece y se sufre, el modelo médico la representa de manera negativa con lo que hay una visión también negativa de lo que ésta puede suponer en términos de diversidad.

Estas han sido las constantes del tratamiento de la discapacidad y del discurso de los derechos humanos hasta hace poco. Sin embargo, el concepto discapacidad ha cambiado y también el discurso de los derechos humanos. En el último cuarto del siglo XX y principios del XXI aparece un nuevo discurso humanista (que más adelante denominaré como humanismo de la diversidad). Se trata de un cambio teórico y normativo que todavía no ha calado en la sociedad.

Por el lado de la discapacidad, ésta ya no se define exclusivamente por la condición o los rasgos de una persona sino también, y sobre todo, por las barreras a las que se enfrenta. Para este modelo, el origen de la discapacidad no es científico. La discapacidad tiene su origen en las barreras sociales, tanto físicas como actitudinales[294]. Las personas con discapacidad son definidas desde este modelo tomando como referencia tanto condición (deficiencias) como situación (barreras), si bien el modelo subraya esta segunda dimensión. La situación prevalece sobre la condición, siendo este uno de los principales rasgos

---

[294] Palacios, A., *El modelo social de la discapacidad*, CERMI, Madrid, 2008.

del llamado como modelo social de la discapacidad que ha sido quien ha llevado a ésta al mundo de los derechos humanos.

Las personas con discapacidad poseen la misma dignidad que cualquier otra persona, pero además, esta participación en la dignidad se tiene de una forma activa, en el sentido de que son las propias personas con discapacidad las que construyen las consecuencias que este reconocimiento tiene, en lo referente al desarrollo de sus planes de vida.

Las políticas en materia de discapacidad dejan de ser asistenciales, o mejor, las políticas asistenciales pasan a un segundo plano ya que el primero es ocupado por los derechos. Así, las demandas y pretensiones de las personas con discapacidad se hacen fuertes y susceptibles de garantizar jurídicamente, dejando de depender de coyunturas políticas o económicas.

En todo caso, aunque el modelo social se centra en las barreras a la hora de concebir la situación de discapacidad, esto no significa dejar a un lado la dimensión de la condición y, con ella, el lugar de la diversidad. Así, para este modelo, la deficiencia expresa también la riqueza de la diversidad humana.

Por el lado de los derechos humanos, el discurso ha modificado los referentes de la idea de dignidad y del discurso sobre la igualdad.

Así, se ha producido un cierto abandono de la asociación entre capacidad y dignidad. La dignidad se ha contextualizado, se ha abierto a las posibilidades y se ha separado del discurso sobre el talento. El contenido de la dignidad ha pasado a ser la vida humana digna, combinando la autonomía y la dependencia como dimensiones humanas básicas.

Por otro lado, en la actualidad, el discurso de los derechos en materia de igualdad parte del hecho de la diferencia, de manera contraria a lo que ocurrió en el origen de la historia de los derechos (y todavía hoy se mantiene por algunos) en donde se hablaba de la igualdad como un hecho que caracterizaba a los seres humanos. Los seres humanos somos diferentes y nos encontramos en situaciones diferentes. Y a partir de ahí, el discurso sobre la igualdad se desenvuelve a través de dos grandes proyecciones: la diferenciación negativa y la positiva. En la primera, la diferenciación negativa, se trata de averiguar qué rasgos de los que nos hacen diferentes o qué situaciones que nos diferencian, son irrelevantes para justificar un trato distinto; en la segunda, la diferenciación positiva, se trata de averiguar qué rasgos de los que nos hacen diferentes o qué situaciones que nos diferencian, son relevantes para justificar un trato distinto.

Desde este punto de partida, la discriminación se entiende como una situación o un trato diferente perjudicial que no encuentra justificación alguna o cuya posible justificación decae por la existencia de argumentos superiores. Así, existe discriminación cuando diferencias no relevantes son tenidas en cuenta para producir directa o indirectamente un trato distinto perjudicial, y cuando diferencias relevantes no son tenidas en cuenta para producir directa o indirectamente un trato distinto beneficioso. Las cuestiones de la relevancia de las diferencias y de la razonabilidad de los argumentos, se han convertido en los asuntos nucleares de la reflexión sobre la igualdad en el discurso de los derechos.

Como señalaba antes, este nuevo discurso humanista, está presente en el ámbito de la teoría de los derechos humanos y en la normativa que los reconoce y garantiza, pero no así en la sociedad.

Pero en la actualidad, asistimos a la aparición de un discurso filosófico que, en línea de principio, parece enfrentarse a lo anterior. Un discurso que no solo utiliza los referentes del modelo médico sino que, incluso, nos recuerda a un modelo históricamente anterior, el modelo de prescindencia. Un discurso que toma como punto de partida el modelo de ser humano al que me refería al principio y que busca mejorarlo a través de la tecnología. Se trata del discurso transhumanista.

2. SOBRE EL TRANSHUMANISMO

El transhumanismo puede ser visto como un proyecto de mejora de la humanidad en sus aspectos físicos, intelectuales, emocionales y morales, gracias a las ciencias y a la biotecnología[295]. Se trata de una filosofía que pretende emplear la tecnología para mejorar la vida de las personas, aumentar la inteligencia, y hacer a los seres humanos más felices y virtuosos.

Para el transhumanismo el fin de la humanidad es inevitable si no se aprovecha el desarrollo de la ciencia y la tecnología, consiguiendo instrumentos y aparatos que permitan luchar contra ese fin. Y ese desarrollo sin límites permitirá crear máquinas singulares que puedan fusionarse con los seres humanos. El transhumanismo defiende así la libertad del ser humano de utilizar la tecnología para mejorar su vida y la de los demás, para ser más fuertes, más longevos, menos violentos... Se trata de una ideología que surge del convencimiento de que la tecnología puede resolver los problemas sociales contemporáneos[296]. Los transhumanistas creen que las tecnologías de mejora humana deben ser ampliamente difundidas, que las personas deben elegir cuál de estas tecnologías se aplican a sí mismos, y que los padres deben tener el derecho de elegir las mejoras para sus hijos.

En 1983 se publica el «Manifiesto Transhumano» y en 1998, la «Declaración Transhumanista», firmada por los principales representantes de este movimiento, que ha sido objeto de algunas modificaciones, y en el que aparecen sus principales postulados. Algunos de estos postulados son herederos del discurso humanista.

Así, se afirma: «La política debe estar guiada por una visión moral responsable e inclusiva, que tome seriamente las oportunidades y los riesgos, que respete la autonomía y los derechos individuales, y muestre solidaridad con y preocupación por los intereses y la dignidad de todas las personas alrededor del mundo. Debemos también considerar nuestras responsabilidades morales hacia las generaciones que existirán en el futuro».

---

[295] Ferry, L., *La revolución transhumanista*, Alianza Editorial, Madrid, 2017.

[296] Llano Alonso, F., *Homo Excelsior. Los Límites Ético Jurídicos del Transhumanismo*, Tirant Lo Blanch, 2018.

O también, sobre los riesgos del uso de las tecnologías: «Necesita invertirse esfuerzo investigador en entender estos pronósticos. Necesitamos deliberar cuidadosamente sobre cuál es el mejor modo de reducir riesgos y facilitar las aplicaciones beneficiosas. También necesitamos foros donde la gente pueda discutir constructivamente en torno a qué debe hacerse, y un orden social donde puedan implementarse decisiones».

No en vano More en una de las primeras publicaciones sobre el transhumanismo[297], lo define como herencia del humanismo si bien, como una corriente que va más allá al mirar hacia el futuro para comprender mejor nuestras posibilidades. Para los transhumanistas, la naturaleza humana no es un fin en sí misma y no tiene ningún derecho a exigirnos lealtad hacia ella. Con la tecnología nos convertiremos en posthumanos, creando una nueva especie[298].

De esta forma, otros postulados del transhumanismo parecen, en principio, separarse del discurso humanista: «Apoyamos que se otorgue a los individuos amplia elección personal en torno a cómo a realizar sus vidas. Esto incluye el uso de técnicas que puedan desarrollarse para asistir a la memoria, la concentración, y la energía mental; terapias de alargamiento de la vida; tecnologías de elección reproductiva; procedimientos criogénicos; y muchas otras tecnologías posibles de modificación y perfeccionamiento humano» («Declaración Transhumanista»).

El transhumanismo propugna la necesidad de alcanzar un concepto de dignidad humana que sea capaz de extenderse a seres posthumanos[299]. Sostiene que legítimamente podemos reformarnos a nosotros mismos y a nuestra naturaleza de con-

---

[297] More, M., «Transhumanism: Towards a Future Philosophy», *Extropy 6*, 1990.

[298] Harari, Y.H., *Homo Deus. Breve Historia del Mañana*, Penguin Random House Grupo Editorial España, 2016.

[299] Bostrom, N., «In Defense of Posthuman Dignity», *Bioethics, vol. 19, n. 3*, 2005.

formidad con los valores humanos y las aspiraciones personales.

En todo caso, es posible diferenciar tres variedades del transhumanismo[300]. Por un lado está el transhumanismo cultural, inspirado en el discurso de la postmodernidad, y que discute los límites de la naturaleza, el alcance de la mejora humana, el concepto de dignidad humana... Por otro lado está el transhumanismo biológico que reivindica la biomejora, el aumento de las capacidades cognitivas, la prolongación de la vida humana y el paso del «azar a la elección» (a través de la ingeniería genética). Por último está el transhumanismo cibernético, que pretende crear una nueva especie a partir de la fusión entre persona y máquina.

El transhumanismo rechaza la visión de la naturaleza como algo constante e inmutable y sostiene que el valor moral de los seres humanos no se produce porque pertenezcan a una especie sino por lo que hacen. Por lo tanto, los avances tecnológicos deben utilizarse para la mejora moral de la humanidad. Esta es una mejora que no producirá efectos negativos ya que tiene como objetivo mejorar el comportamiento moral de las personas por lo que difícilmente se podría pensar que es un mal moral[301].

Nick Bostrom, uno de los exponentes principales del transhumanismo utiliza «La fábula del dragón tirano»[302], para justificar el uso de la tecnología en la mejora humana principalmente con el objetivo de «matar la muerte». Se trata , como ya se ha contado, de un pequeño cuento en el que un dragón tirano exigía a la humanidad cada tarde la entrega de 10.000 personas. Algunas de ellas eran devoradas y otras encerradas en

---

300 Diéguez, A., *Transhumanismo: La búsqueda tecnológica del mejoramiento humano*, Herder, Barcelona, 2017.

301 Persson, I., «Could it be permissible to prevent the existence of morally enhanced people?», *The Journal of Medicine & Philosophy, vol. 38*, 2012.

302 Bostrom, N., «The Fable of the Dragon-Tyrant», en *Journal of Medical Ethics*, Vol. 31, No. 5, 2005.

unas mazmorras en malas condiciones hasta ser devoradas. Como no era posible derrotar al dragón, los humanos cumplieron durante siglos con esa práctica. Incluso, la sociedad, creó toda una infraestructura para realizarlo. Sin embargo, un día, un grupo de ingenieros empezaron a poner en duda que el dragón era invencible e idearon una manera de hacerlo. Después de luchar contra la oposición de sacerdotes, burócratas, expertos en dragones, etc..., estos ingenieros consiguieron acabar con el dragón para siempre.

Pues bien, en la fábula, el dragón simboliza la muerte y sus víctimas son las personas que mueren o que están enfermas. Frente al dragón, en la fábula aparecen tres posturas: la de la resignación, la del colaboracionismo y la de la rebelión contra el mal. El transhumanismo sería la expresión de esta tercera postura.

La aspiración transhumanista, reducida a la mejora de la vida humana, puede ser aceptable. Pero incluso en estos sencillos términos resulta problemática ya que, como estamos viendo, no tenemos claro el concepto de mejora. Por otro lado, la mejora toma como referencia un estado de partida, el susceptible de ser mejorado, que va perdiendo valor a medida que se distancia del estado al que se aspira. Y esto, que duda cabe, tiene consecuencias en las personas con discapacidad.

Dejando a un lado las posiciones transhumanistas más groseras que explícitamente consideran que el valor moral de una persona con discapacidad es menor al de una persona sin discapacidad, el mensaje de fondo transhumanista es el propio del modelo médico: la consideración de que la discapacidad es una enfermedad que puede ser curada gracias a la tecnología. Este mensaje llega incluso, en ocasiones, a compartir tesis propias del modelo de prescindencia[303]: la discapacidad es un sufrimiento que provoca que la vida de muchas personas con disca-

303 Fletcher, D.J., «Transhuman Perfection: The Eradication of Disability Through Transhuman Technologies», *HUMANA.MENTE Journal of Philosophical Studies, 7(26)*, 2014.

pacidad no tenga sentido y cuya cura, cuando es posible, no merece la pena realizarla al generar un gasto tan grande o demandar unos cambios sociales muy importantes que no pueden exigirse a las personas.

El modelo de prescindencia promueve, como su propio nombre indica, prescindir de las personas con discapacidad o, en el mejor de los casos, su exclusión social. Para el modelo de prescindencia, las personas con discapacidad se definen por su condición. Se trata de personas con deficiencias de distinto tipo, lo que les hace salir de los patrones de normalidad y de los estándares desde los que se deduce la dignidad de las personas. De esta forma, son seres a los que no se atribute dignidad humana.

El Estado no tiene obligación alguna hacia las personas con discapacidad por lo que las discapacidad no es objeto de políticas públicas. De haber políticas públicas en materia de discapacidad, éstas estarán destinadas a proteger a la sociedad del daño (económico o moral) que la existencia de personas con discapacidad puede producir. Esto implica que no tiene ningún sentido plantearse siquiera cuestiones que tengan que ver con la no discriminación de estas personas cuya condición es contemplada como un verdadero sufrimiento, tanto para la propia persona como para la sociedad en general.

Aunque las raíces del modelo de prescindencia están en el mundo clásico, algunos de sus referentes continúan, a través de ciertas experiencias trágicas habidas en el siglo XX (como la de la Alemania Nazi). Incluso en el siglo XXI puede sentirse su presencia...

La pandemia del Covid-19, ha puesto de manifiesto que la prescindencia está ahí, y que puede manifestarse de manera abierta y descarada, extendiéndose más allá de la discapacidad y alcanzando a las personas mayores. Y es que, probablemente, este modelo de tratamiento de la discapacidad no haya desaparecido nunca. Se sigue manejando una idea de dignidad humana consecuencia de un modelo humano capacitista una de cuyas dimensiones tiene que ver con su aporte o contribución social. El criterio de la utilidad o del valor social, que ha aparecido en varios documentos de asociaciones y comités nacionales e internacionales a la hora de establecer prioridades en la gestión de los recursos sanitarios, es la manifestación más evidente.

No quiero terminar este punto sobre el transhumanismo y su proyección en la discapacidad, sin atender uno de los argumentos presentes en su discurso y que es compartido por otras posiciones. Se trata del argumento sobre el esfuerzo y coste que supondría la construcción de una sociedad en la que las personas con discapacidad tuvieran las mismas oportunidades que el resto de personas[304].

Limitar un derecho por su coste excesivo no es un argumento que pueda tener cabida en el discurso de los derechos humanos, salvo que se demuestre que dicho coste daña de manera insoportable otros derechos. Y en este punto lo relevante no es el coste en sí sino la afectación al derecho. La economía es un instrumento que, como tal, debe estar al servicio de los derechos y no éstos al servicio de la economía. Un derecho puede encontrar sus límites en un coste excesivo siempre y cuando ese coste se exprese como insatisfacción de otros derechos. La utilización de un argumento basado en un coste desproporcionado de una medida debe ser examinado con mucha precaución e incluso considerarlo carente de justificación cuando ese coste no conlleve una insatisfacción real y evidente de derechos humanos de otras personas. Esto es, el coste como argumento independiente del disfrute de los derechos no puede ser aceptado. Su uso, como argumento admisible en el discurso de los derechos, requiere de su conexión con estos (en el sentido de expresar una limitación de los derechos de otros).

3. SOBRE CIBORGS Y MEJORAS

No puede decirse que el ideal de mejorar las condiciones de vida de las personas sea exclusivo del transhumanismo. Se tra-

---

[304] Buchanan, A., Brock, D.W., Daniels, N., y Wikler, D.,*From Chance to Choice. Genetics & Justice*, Cambridge University Press, 2000.

ta de un ideal compartido por prácticamente todas las corrientes filosóficas. La preocupación del ser humano por mejorar sus cualidades no es novedosa y puede decirse que ha acompañado a la historia de la humanidad y está presente en autores humanistas como Pico della Mirandola, Bacon, Rousseau, Condorcet, Kant, Ortega y Gasset, Arendt...

En este sentido, es un ideal presente también en el discurso de los derechos de las personas con discapacidad, proyectándose tanto en la condición como en la situación, y de la mano de los apoyos, la asistencia y la lucha contra las barreras. Buena parte de la historia de la lucha contra la discriminación que sufren las personas con discapacidad ha tenido como resultado la construcción de un sistema de apoyos tanto materiales como personales. Los primeros van desde herramientas muy básicas como puede ser un bastón, hasta otras más complejas como pueden ser brazos y soportes articulados, chips, pasando por otras como las sillas de ruedas. Tanto es así que el concepto de ciborg, tan utilizado por la literatura transhumanista, no es un concepto extraño para la discapacidad.

En la actualidad conocemos casos mediáticos de ciborgs. Neil Harbisson, vive con una antena en la cabeza para «escuchar» los colores; Moon Ribas, detecta terremotos al llevar un sensor sísmico en los pies; Chris Dancy, cuenta con 11 sensores implantados en su cuerpo que le permiten monitorear sus signos vitales las 24 horas del día; Kevin Warwick (científico, ingeniero y profesor), se insertó, en 2002, un dispositivo en uno de sus brazos que se conectaba a su sistema nervioso, que le permitía comunicarse con su cerebro y con internet, consiguiendo controlar así una silla de ruedas eléctrica y una mano artificial. En 2016 se celebraron las primeras Olimpiadas para ciborgs en Suiza, en los que participaron deportistas con implantes biónicos de 24 nacionalidades de todo el mundo.

Pero, ¿tienen alguna relación estas noticias con el mundo de la discapacidad? La contestación a esta pregunta dependerá del concepto de ciborg y de discapacidad que manejemos.

Ya me he referido al concepto de personas con discapacidad y a los distintos modelos de tratamiento. Respecto al término ciborg, éste surge de la fusión de cibernética y organismo. Al parecer fue utilizado por primera vez por Manfred E. Clynes (científico y músico austriaco) y Nathan S. Kline (científico estadounidense) para hacer referencia al ser humano mejorado. Así, normalmente se entiende por ciborg el ser humano con un dispositivo electrónico implantado permanentemente a su cuerpo.

Sin embargo, no todo el mundo utiliza ciborg en este sentido. Para algunos el dispositivo puede no ser electrónico. También hay quien se ha referido a ciborgs temporales (seres humanos con dispositivos implantados temporalmente o unidos a ellos temporalmente).

El fenómeno de los ciborgs no es un fenómeno nuevo. La historia de los ciborgs depende, de nuevo, del concepto que manejemos. Así, si relacionamos ciborg con dispositivo electrónico, su historia comienza con la aparición de la ciencia ficción (literatura) a finales del XIX pero propiamente en el XX. Pero si en cambio no relacionamos ciborg con dispositivo electrónico, podemos remontarnos al 1.550 a. C., y en concreto a las prótesis de los egipcios.

La alusión a las prótesis nos acerca al mundo de la discapacidad. Y es que, un concepto amplio de ciborg podría incluir dentro de él la unión de la persona y su silla de ruedas o, incluso, la asistencia o los apoyos tecnológicos. Pero, de nuevo, encontramos ejemplos mediáticos más claros.

Así, Nathan Copeland, en 2014, con 28 años, diez años después de haberse lesionado la médula en un accidente perdiendo el sentido del tacto, volvió a sentir gracias a un brazo robótico directamente conectado a su cerebro. Les Baugh, perdió sus dos brazos en un accidente en la década de 1970, y ahora tiene dos brazos protésicos controlados por la mente. Hugh Herr, profesor de biofísica, vive con dos piernas biónicas, y es conocido por sus logros en ingeniería biomecánica y por ser el creador de BionX (una empresa centrada, según aparece un su página web, en la mejora de la imperfección humana).

En definitiva, el término ciborg hace referencia a la suma de lo humano y la tecnología con lo que sirve para identificar tanto a personas con discapacidad cuanto a personas sin discapacidad.

En todo caso, la realidad de los ciborgs es polémica. Si analizamos los ejemplos anteriores, algunos los aceptamos sin reparo y nos parecen razonables mientras que otros pueden plantearnos dudas. Los que aceptamos, normalmente, son aquellos que tienden a corregir situaciones de desventaja social.

Se trata de un problema conocido para la bioética y que ya hemos aludido en este libro: la contraposición entre terapia y mejora (entre medidas para superar enfermedades y medidas para mejorar a una persona) o entre medicina curativa y perfectiva. Una contraposición que posee importantes consecuencias ya que se utiliza para diferenciar lo que es o no es admisible. En noviembre de 2018, He Jiankiu, científico chino, era noticia en todo el mundo al afirmar que había modificado los genes de dos bebés. En concreto había modificado el gen CCR5, que el virus del sida utiliza como puerta para atacar el sistema inmunológico humano. La contestación de He Jiankiu a las críticas que inmediatamente se lanzaron por la realización de esa intervención no fue otra que la afirmación de que se trataba de una intervención terapeútica...

La distinción entre mejora y terapia, como hemos visto, no está clara. Lo que para algunos puede ser mejora se convierte en terapia para otros. Un medicamento para tratar la hiperactividad infantil (terapia) puede utilizarse también para el rendimiento en un examen (mejora). Habitualmente las intervenciones que plantean dudas en general son aceptadas cuando se proyectan en personas con discapacidad. Así, aceptamos que una persona de baja estatura sea tratada con hormonas de crecimiento pero tenemos dudas de que sea correcto hacerlo con una persona de elevada estatura. Nos puede parecer apropiado que una persona en una situación de depresión tome ciertas sustancias antidepresivas pero en cambio no nos lo parece cuando no se da esa situación.

Las intervenciones de mejora plantean problemas generales algunos de los cuales se acentúan en relación con las personas con discapacidad. Más allá de que, como ya he comentado, no tenemos clara la distinción entre mejora y terapia, los problemas comienzan porque no sabemos si existen mejoras objetivas.

Hay quienes consideran que si es posible hablar de mejoras objetivas citando como ejemplo la longevidad[305] o la buena vida[306]. Pero es posible cuestionar ese carácter absoluto de la longevidad o de la buena vida y pensar, por el contrario, que el concepto de mejora es relativo y puede cambiar según contextos o culturas.

En el ámbito de la discapacidad, Sharon Duchesneau y Candace McCullough, en 2002, hicieron pública su decisión de tener un hijo mediante inseminación artificial. La particularidad de su caso es que ambas eran sordas y habían decidido que sus hijos también lo fueran. Como es sabido, los miembros de la denominada como Comunidad Sorda, se consideran como una minoría cultural que comparte los rasgos típicos de cualquier otro grupo cultural, siendo el principal el de la lengua de signos. Desde la Comunidad Sorda, la persona sorda se define como aquella que usa la lengua de signos.

Ahora bien, incluso aceptando que existan mejoras objetivas, como ha señalado Carlos Lema, éstas pueden ser discriminatorias y carecer de justificación[307]. Es conocido en este sentido el supuesto que describe Nicholas Agar de una situación en la que los padres tienen la posibilidad de alterar, mediante tecnologías de modificación genética, el color de la piel de sus hijos[308]. Es

---

[305] Singer, P., «De compras por el supermercado genético», trad. de J. Seoane, *Isegoría n.* 27, 2002.

[306] Savulescu, J., «Procreative Beneficence: Why We Should Select the Best Children», *Bioethics 15*, 2002.

[307] Lema, C., «Intervenciones biomédicas de mejora, mejoras objetivas y mejoras discriminatorias: ¿De la Eugenia al darwinismo social?» en *Anales de la Catedra Francisco Suarez, 49,* 2015.

[308] Agar, N., *Liberal Eugenics. In Defense of Human Enhancement*, Blackwell, Oxford, 2004.

posible así tanto oscurecer el color de la piel, como medida de protección del sol ante la disminución de la capa de ozono, como aclararla, para evitar la discriminación en una sociedad racista. Agar defiende la primera de las opciones pero, sin embargo, señala que no debería permitirse la segunda. Y lo justifica apelando a la idea de discriminación y al rechazo de la idea de que el valor moral de una persona pueda depender del color de su piel.

Podemos referirnos a ejemplos similares en el campo de la discapacidad. Imaginemos que, la pérdida de una pierna nos hace ir en una silla de ruedas y enfrentarnos a muchas barreras, pero nos encontramos con la posibilidad de colocarnos una prótesis teniendo dos opciones. Una de ellas consiste en colocar una prótesis que realiza todas las funciones de la pierna que nos falta pero no tiene aspecto de pierna; la otra es colocar una prótesis menos funcional pero que es idéntica a una pierna. Alguien podría pensar que no hay duda en la elección: hay que optar por la primera por su funcionalidad. Sin embargo, algunos tendrían dudas porque considerarían que esa prótesis extraña, trasladaría esa calificación a la persona que la lleva, por lo que sería mejor optar por la segunda. Optar por esta solución apelando a esta razón implica ser condescendiente con la situación de discriminación en la que se encuentran muchas personas con discapacidad.

No tener en cuenta esta posible discriminación en el campo de las mejoras podría llevarnos a admitir decisiones discriminatorias y excluyentes hacia modelos de vida y personas. Así Savulescu refiriéndose a la buena vida, entendiendo por tal aquella en la que se puede disfrutar de mayor bienestar, ha formulado el «Principio de beneficencia procreativa» según el cual las parejas deben seleccionar entre los hijos posibles aquel que se espera vaya a tener una vida mejor. No hacerlo sería algo inmoral[309].

---

[309] Savulescu, J., «Procreative Beneficence: Why We Should Select the Best Children», *Bioethics 15*, 2002.

Puede pensarse que en muchos de los supuestos de intervenciones de mejora son actuaciones sobre uno mismo; es la propia persona la que decide sobre su cuerpo siendo una suerte de ejercicio de la autonomía individual. Sin embargo esto no disminuye la complejidad del asunto, ni la posibilidad de discriminación.

Y es que, como es sabido, uno de los grandes problemas éticos de estas tecnologías tiene que ver con la garantía de una igualdad de oportunidades para su disfrute y, por ende, con la posibilidad de aumentar la brecha entre personas en situación de riqueza y personas en situación de pobreza. Brecha que, sin lugar a dudas, afecta de manera sensible a las personas con discapacidad.

Esta situación fue bien descrita por Lee Silver presentando una situación futura caracterizada por la aparición de la reprogenética (unión de la medicina reproductiva y la genética), a través de la cual es posible diseñar las características biológicas de los descendientes[310]. Silver señala que, a lo largo del tiempo, la sociedad que describe estará dividida entre «naturales» y «genricos»... Pues bien, en un mundo como el que describe Silver, parece fácil predecir a qué grupo pertenecerán las personas en situación de vulnerabilidad y cómo será la satisfacción de sus derechos....

Pero también podríamos dar la vuelta a la argumentación y utilizar la tecnología para igualar. La tecnología se presenta en muchas ocasiones como el instrumento para acabar con la discapacidad. Las tecnologías convergentes alimentan esta argumentación ignorando el bienestar real y la experiencia de las personas con discapacidad.

Llama la atención que esta es la visión social más extendida sobre el uso de la tecnología en el ámbito de la discapacidad, más allá de la literatura especializada. Se piensa en la tecnología como oportunidad. Permitir a las personas con dis-

---

[310] Silvers, L., *Vuelta al edén. Más allá de la clonación en un mundo feliz*, Taurus, Madrid, 1998.

capacidad su uso con el objetivo de situarles en las mismas condiciones que el resto de personas. De alguna manera, algunos apoyos en el marco de la discapacidad pueden encontrar su justificación en esta idea. No en vano se ha argumentado que en una sociedad con personas mejoradas existirían más oportunidades de redistribuir. Aún así, un uso de la de la tecnología en esta línea, podría seguir siendo discriminatorio para las personas con discapacidad en términos de estigma y minusvaloración.

4. CONDICIÓN, SITUACIÓN, MEJORA Y DERECHOS HUMANOS

Si retomamos la definición de persona con discapacidad y sus dos referentes, la condición y la situación, podemos observar cómo la reflexión sobre la mejora parece centrarse más en el aspecto de la condición que en el de la situación. Esta es seguramente la razón por la que buena parte del movimiento por los derechos de las personas con discapacidad rechazan este tipo de planteamientos[311]. Y, como inmediatamente señalaré, no les falta razón.

Aún así no hay que olvidar que la persona con discapacidad es también condición y que las barreras a las que se enfrentan no son sólo ambientales y sociales, por lo que no tiene sentido rechazar de plano la utilización de las tecnologías convergentes en la discapacidad. Incluso para algunos, este tipo de intervenciones pueden constituir una verdadera obligación moral.

El discurso de la mejora no tiene en cuenta que los seres humanos somos el resultado de la lucha contra los límites de la naturaleza y algunas convenciones sociales[312], y que «...la liber-

---

[311] Romañach, J., *Bioética al otro lado del espejo*, Diversitas, Santiago de Compostela, 2009.

[312] Nussbaum, M., «Genética y Justicia: Tratar la enfermedad, respetar la diferencia», trad. de R. Orsi, *Isegoria, n. 27*, 2002.

tad consiste en cierto sentido en una negociación permanente con lo recibido»[313]. Puede haber intervenciones que pongan en peligro el desarrollo moral de la personalidad. Para muchos, este desarrollo implica la realización de esfuerzos y sacrificios que pueden desaparecer con las tecnologías de mejora. Con estas tecnologías puede reducirse sensiblemente nuestro sentido de autonomía y responsabilidad y por tanto nuestra propia agencia moral. J. Habermas, desde la idea de dignidad humana, entendida como aquello con los que nos reconocemos como seres de una misma especie, ha defendido que toda intervención que altere aquello que permite ese reconocimiento, no estaría justificada[314].

Ahora bien, resulta difícil establecer cuales son los rasgos que nos identifican y singularizan, y defender que se mantienen de manera constante a lo largo de la historia de la humanidad. Las personas a lo largo de nuestra vida sufrimos cambios radicales algunos de los cuales pueden afectar a nuestra identidad personal pero no necesariamente ser cuestionados en términos de especie. Y si esto es así, ¿por qué lo van a hacer las mejoras artificiales?

En este punto solemos utilizar estándares de normalidad... Así, el límite de la mejora algunos lo ponen en ir mas allá de lo normal, en alcanzar atributos o capacidades fuera de lo normal. Pero este es precisamente, uno de los problemas del concepto de mejora: partir de un concepto de lo normal que es confuso, y que no está claro que, de existir, posea valor moral. Además, no debemos pasar por alto que «lo normal» es una idea problemática en el campo de la discapacidad...

En muchos casos, cuando buscamos lo mejor para nuestros seres queridos, lo hacemos interviniendo de manera drástica en lo que podemos denominar como factores ambientales (esfuer-

---

313 Sandel, M., *Contra la perfección*, Marbot, Madrid, 2016.

314 Habermas, J., *The Future of Human Nature*, Cambridge: Polity Press, Cambridge, 2003. *El futuro de la naturaleza humana. ¿Hacia una eugenesia liberal?*, Paidós, Barcelona 2010.

zos que ayudan a desarrollar capacidades de los niños y que tienen que ver con nutrición, formación, ejercicios físicos) pero sin embargo, cuestionamos intervenciones sobre otros factores (como por ejemplo los genéticos). Y esto se proyecta también en las prótesis y aparatos que utilizamos para mejorar o corregir situaciones o deficiencias. Pero, si definimos lo humano en términos de condición y situación, deberíamos aceptar las intervenciones sobre la condición de la misma manera que aceptamos aquellas que se proyectan en la situación (básicamente las que se refieren a factores ambientales).

A pesar de ello las intervenciones de mejora proyectadas sobre la condición de las personas con discapacidad plantean una serie de problemas. Y es que, el discurso que propugna la realización de intervenciones de mejora tiende a considerar a las personas con discapacidad como personas enfermas, contribuyendo así a su tratamiento desde el modelo médico[315]. Se minusvalora la vida de las personas con discapacidad hasta el punto de trasladar el mensaje de que la vida con discapacidad no tiene sentido. Muchos de estos planteamientos se hacen tomando como referencia un modelo de ser humano que puede resultar excluyente y fuente de discriminación. Se trata de una imagen que pretende asociarse a la perfección y que transmite, o puede llegar a transmitir, la idea de que a medida que nos alejamos de esa imagen, la vida tiene menos sentido o la felicidad es más difícil de alcanzar. Desde esta posición la discapacidad aparece como un ejemplo de imperfección, como una situación de sufrimiento, y en el mejor de los casos como una desventaja natural, que hay que hacer desaparecer.

Las tecnologías de mejora prometen acabar con la diversidad de la condición, considerándola como un problema, sin atender a aquello que más discrimina a las personas con discapacidad: la situación. Hay una cita del Emilio de Rousseau que sirve para dar cuenta de esta problemática: «¡Qué manía, en un

---

[315] Hall, M.C., «Second Thoughts on Enhancement and Disability», *The Oxford Handbook of Philosophy and Disability*, Oxford University Press, 2020.

ser tan pasajero como el hombre, la de mirar siempre a lo lejos en un futuro que raramente llega y la de descuidar el presente del que se está seguro!»[316].

En este ámbito, debería ser prioritario la lucha contra las barreras y no la lucha contra las llamadas deficiencias. Me he referido antes al ejemplo que aludía Agar en relación con la posibilidad de cambiar el color de la piel de los hijos, destacando como esta práctica solo tendría sentido como medida de protección del sol ante la disminución de la capa de ozono y nunca como intervención para evitar la discriminación en una sociedad racista. Pues bien, lo que se quiere destacar es que más allá de las dos soluciones que se planteaban, la estrategia adecuada desde un enfoque de derechos humanos sería la de detener la desaparición de la capa de ozono y evitar el racismo. En nuestro ejemplo de la prótesis de la pierna que se origina por las barreras que se encuentra una persona en silla de ruedas, la cuestión es ¿por qué no llevar a cabo una estrategia que busque la desaparición de las barreras? Así, en el campo de la tecnología, esto podría traducirse en el sentido de dar prioridad a políticas de accesibilidad.

Desde un enfoque de derechos se debe priorizar la eliminación de barreras sobre la lucha con la desaparición de las deficiencias, al igual que debe priorizarse esta lucha frente a los programas de mejora. Los defensores de las tecnologías de mejora deben ser conscientes de que las personas con discapacidad no «sufren» necesariamente discapacidad sino discriminación. El discurso de la mejora debe ser una cuestión de intervenciones sociales y políticas, no de intervenciones genéticas y biológicas[317].

El discurso humanista en su origen (que es todavía el discurso humanista presente en la sociedad) y el discurso transhu-

[316] Rousseau, J.J., *Emilio o De la Educación*, Alianza Editorial, Madrid, 2011.

[317] Hall, M.C., *The Bioethics of Enhancement: Transhumanism, Disability, and Biopolitics,* London: Lexington Books, London, 2016.

manista comparten una visión negativa de la discapacidad, como deficiencia de la condición, derivada de la consideración de lo humano. Comparten la idea de la singularidad de lo humano y para ambos, la discapacidad es ejemplo de la imperfección humana. En ambos discursos la idea de lo normal (representada en modelos de personas y en modelos de sociedad) es una referencia esencial.

El discurso humanista partía de una visión de lo humano que se hacia más singular a medida que se iba acercando a unos niveles de excelencia fruto de construcciones sociales. De alguna manera, la dignidad humana se expresa cuando se alcanzan esos niveles de excelencia. El discurso transhumanista constituye un nuevo nivel del humanista (a pesar de las críticas feroces que algunas de sus versiones lanzan al humanismo de la Ilustración). Parte del ser humano considerado como excelente para el discurso humanista, que es considerado ahora como imperfecto (de una forma similar a como considera a la persona con discapacidad el discurso humanista en su origen), y busca su mejora (de nuevo su excelencia), a través del uso de la tecnología. La dignidad se manifiesta, igualmente, cuando se alcanzan los nuevos niveles de excelencia…

Si para el discurso humanista el ideal de la excelencia humana era el punto de llegada (desde una idea de lo humano capacitista), para el transhumanismo, ese ideal es el punto de partida. Por eso, para el primero la discapacidad, entendida como deficiencia en la condición, era una imperfección que debería subsanarse, mientras que para el segundo, no es aceptable. Para el discurso humanista, la discapacidad es muestra de la imperfección humana. Y lo mismo sucede para el discurso transhumanista, con la única diferencia de que para éste, una vida con discapacidad parece no tener sentido.

Por decirlo desde los modelos de tratamiento de la discapacidad, el discurso humanista contempla la discapacidad desde el modelo médico, mientras que el discurso transhumanista lo hace, finalmente, desde el modelo de la prescindencia.

Tal vez esta relación entre los dos discursos pueda parecer para algunos una cierta exageración. Sin embargo, si nos fijamos en un aspecto siempre muy caracterizador de las visiones filosóficas del mundo como es la de la educación de los niños, la visión de la discapacidad como deficiencia de la condición es evidente en ambos discursos, aunque mucho más exacerbada en el del transhumanismo[318].

Por eso, debemos defender lo que podríamos denominar como el humanismo de la diversidad, que es aquel que se identifica con el modelo social y que aparece con la Convención Internacional sobre los derechos de las personas con discapacidad de Naciones Unidas.

Este humanismo de la diversidad no está reñido con la tecnología. Lo polémico de las intervenciones de mejora aumenta cuando éstas se justifican desde un modelo de lo humano discriminatorio y estigmatizante, o desde una estructura social que discrimina y en la que no existe una igualdad real de oportunidades. El propio término de «mejora» contribuye a todo ello. Por eso, para dejar sin sentido esa preocupación proveniente del mundo de la discapacidad, lo que resulta necesario es producir un cambio en la sociedad, normalizarla eliminando la discriminación que ésta produce en relación con las personas con discapacidad. Y a partir de ahí, la cuestión de las mejoras no formará parte de un discurso especial en relación con las personas con discapacidad, sino del discurso general en el que la libertad de las mejoras se justifica cuando éstas están al alcance de todos, no repercuten en los derechos de los seres humanos y no acaban con la diversidad (que es al mismo tiempo un hecho y un valor irrenunciable).

De esta forma, el desarrollo tecnológico no puede ser una herramienta que favorezca una estructura social discapacitadora y que pretenda ser ajeno a esta estructura. Un desarrollo tecnológico destinado a corregir lo que se consideran deficiencias personales sin prestar atención a lo que podemos considerar como deficiencias sociales (ambiente, hábitos, actitudes,

---

318 Alexandre, L., *La Guerre des Intelligences. Intelligence Artificielle versus Intelligence Humaine,* JCLattes, París, 2017.

entornos, etc...) está sin duda enfrentado a la teoría de los derechos humanos.

El marco ético que rige la teoría de los derechos en este campo debe ser crítico con la idea de dignidad humana en la forma en que ha sido creada y especificada desde la modernidad y la Ilustración. Una idea de la dignidad humana basada en una concepción del ser humano y la sociedad que, en cierto sentido, está en el origen de la búsqueda de máquinas y dispositivos que alcancen la perfección. El modelo humano de la Ilustración se sustentaba en unos patrones basados en la perfección y un modelo social que, en ocasiones, imponía un estilo de vida exclusivo. La dignidad humana se ha construido destacando lo que podríamos concebir como una dimensión abstracta de la persona, dejando de lado la dimensión contextual o de ubicación. Se ha construido a partir de patrones de «normalidad» que históricamente han coincidido con los de los poderosos[319]. Así, debemos eliminar ciertos modelos ideales que proyectamos sobre el concepto de dignidad humana que convierten en indignas a algunas personas[320]. Igualmente, debemos valorar la diversidad humana y considerarla como una de las grandes riquezas de nuestras sociedades.

Los derechos humanos constituyen el marco ético, jurídico y político de referencia para las sociedades contemporáneas y, en este sentido, son los referentes a tener en cuenta a la hora de estudiar los criterios que deben regular y guiar el desarrollo tecnológico.

El discurso humanista de la diversidad presidido los derechos humanos debe estar abierto al progreso tecnológico y científico, lo que supone no despreciar completamente las tesis

---

[319] Barranco, M.C., *Diversidad de situaciones y universalidad de los derechos*, Dykinson, Madrid, 2011.

[320] Cuenca Gómez, P., «Disability and Humans Rights: A Theoretical Analysis», en *The Age of Human Rights Journal*, 4, 2015.

transhumanistas. Por eso, puede ser denominado también como transhumanismo inclusivo[321].

El transhumanismo no parece convincente como argumentación general ya que deja de lado cuestiones muy relevantes consecuencia de la aplicación de técnicas de mejora y sobreestiman lo que pueden lograr a través de la innovación tecnológica. Pero no hay nada incorrecto en sí mismo en el intento de lograr que las vidas de las futuras generaciones sean más largas y más plenas de talento y realizaciones[322].

La consideración de lo humano, como categoría, es algo que corresponde determinar a los humanos y debe hacerse dentro de un marco ético abierto y plural, respetuoso con la diversidad y centrado en la naturaleza. Y esta consideración de lo humano debe tener en cuenta una serie de circunstancias, rasgos y caracteres que forman parte de nuestra identidad tales como la muerte, la dependencia, el dolor, el sufrimiento, el esfuerzo, la imperfección, las limitaciones..., que son, en muchos casos, la expresión más evidente de la diversidad humana y de la libertad.

---

[321] De Asís, R. y Laukyte, M., «Transhumanismo y envejecimiento», en AA.VV., *Soluciones Tecnológicas para los problemas ligados al envejecimiento: cuestiones éticas y jurídicas,* Dykinson, Madrid 2020.

[322] Dworkin, R., *Sovereign Virtue: The Theory and Practice of Equality*, Cambridge: Harvard University Press, Cambridge, 2000.

DEPORTE, MEJORA Y DERECHOS HUMANOS[323]

Hasta hace relativamente poco no se consideraba importante llevar a cabo una reflexión racional sobre el deporte[324]. Sin embargo, hoy en día, importantes despachos de abogados, cátedras jurídicas universitarias, revistas especializadas o estudios de diferentes disciplinas jurídicas, están dedicados al deporte. Se ha comenzado a construir una filosofía del deporte uno de cuyas proyecciones más relevantes es la ética deportiva[325].

Se trata de un fenómeno reciente al menos en el ámbito europeo continental[326]. Aún así, todavía siguen siendo escasos los análisis del deporte desde los derechos humanos, a pesar del papel político, educativo y sociocultural que el deporte des-

---

323 Una primera versión de este trabajo se publicó en inglés en los *Papeles El Tiempo de los Derechos, n. 2*, 2021.

324 Valenciano, M., *Buen deportista, mejor persona: ética y deporte*, Proteus, Barcelona, 2010, p. 13.

325 López Frías, F.J., *La filosofía del deporte actual,* Qua.Pe.G, Roma, 2014.

326 En el ámbito anglosajón el fenómeno llega antes gracias al empuje de Paul Weiss. Vid. Weiss, P., Sport: A Philosophical Inquiry, Southern Illinois University Press, 1969. Sobre la historia de la ciencia del deporte vid. Swanson, R. y J. Massengale, J. (eds.), *The history of exercise and sport science,* Champaign (IL), Human Kinetics, 1997.

empeña[327] y de que se le considere comúnmente como una herramienta de inclusión social[328].

Por otro lado, asistimos a un momento en el que si hay un tema de moda este es el de las tecnologías convergentes. Y esto ocurre también en el Derecho, donde al tratamiento de cuestiones biojurídicas, se han unido importantes reflexiones sobre el papel de la Inteligencia Artificial, la robótica o la neurociencia. En estas reflexiones, la cuestión de la mejora ocupa un lugar fundamental. En ellas, es común utilizar el deporte como mecanismo para testar las prácticas de mejora humana. Sin embargo, de nuevo, el enfoque de derechos humanos no ha estado presente hasta época reciente y, todavía, es minoritario[329].

Pues bien, en estas breves reflexiones me voy a ocupar del papel de la mejora tecnológica en el deporte, tomando como marco de referencia el discurso de los derechos humanos. A pesar de que deporte, mejora y derechos humanos son cuestiones suficientemente tratadas por parte de la doctrina, otra cosa ocurre cuando se ponen en relación[330].

1. INTRODUCCIÓN: DEPORTE Y DERECHOS HUMANOS

Desde un punto de vista doctrinal se habla de deporte como «actividad humana predominantemente física, que se practica

---

[327] Salardi, S., *Lo sport come diritto umano nell'era del post-humano*, Giapichelli, Torino, 2019.

[328] La Carta Europea del Deporte (1992), del Consejo de Europa, en su art. 2 entiende por deporte: «todo tipo de actividades físicas que, mediante una participación, organizada o de otro tipo, tengan por finalidad la expresión o la mejora de la condición física y psíquica, el desarrollo de las relaciones sociales o el logro de resultados en competiciones de todos los niveles».

[329] Vid. Pérez Triviño, J.L. *The Challenges of Modern Sport to Ethics: From Doping to Cyborgs;* Lexington Books: Lanham, MD, USA; Plymouth, UK, 2013.

[330] En España, el trabajo de referencia en esta temática es el de López Frías, F.J., *Mejora humana y dopaje. Una propuesta crítica*, Reus, Madrid, 2015. Sin embargo, prácticamente no hay referencias a los derechos humanos.

aislada o colectivamente y en cuya realización puede encontrarse autosatisfacción o un medio para alcanzar otras aspiraciones» [331].

La actividad deportiva posee muchas proyecciones algunas de las cuales se entrecruzan. Así, diferenciamos el deporte aficionado del deporte profesional. El deporte profesional implica una práctica como profesión, esto es, como actividad de la que se vive y por la que se obtienen recursos; la aficionada comprendería el resto de tipos de práctica deportiva.

También distinguimos entre el deporte competición, el deporte base y el recreativo. La diferencia de los dos últimos con el primero tiene que ver, entre otras cosas, con la finalidad de la práctica que es, en el deporte de competición, ganar. Por su parte el deporte de base y el recreativo se diferencia en que el primero tiene una finalidad educativa y el segundo se relaciona principalmente con el ocio.

Otra diferenciación, ésta presente en el campo de la discapacidad, distingue entre deporte convencional, paralímpico e inclusivo. Con ella distinguimos el deporte practicado únicamente por personas con discapacidad (paralímpico), del practicado por personas con y sin discapacidad (inclusivo). Además, utilizamos el término deporte convencional para referirnos a la práctica de personas sin discapacidad (aunque seguramente esta definición sea excesivamente genérica y no tenga en cuenta muchos matices que surgen tanto de las modalidades deportivas como de la consideración de una persona como persona con discapacidad).

No cabe duda de que las distinciones anteriores inciden en cualquier reflexión que se haga sobre el deporte y, como no, si relacionamos éste con los derechos y con la idea de mejora.

Por otro lado, la proyección de los derechos humanos en cualquier problemática, exige ser conscientes de que se trata de unos instrumentos que pueden ser abordados desde diferentes teorías y, por tanto, desde diferentes significados. Y ello es así,

---

[331] Cazorla Prieto, L.M., *Deporte y Estado,* Labor, Barcelona, 1979, p. 83.

incluso cuando ese discurso se sitúa en el ámbito estrictamente jurídico. Los derechos humanos poseen una vertiente ética y política que condiciona su funcionamiento jurídico.

No obstante, prácticamente todas las teorías sobre los derechos humanos coinciden en señalar que se trata de instrumentos para el logro de una vida humana digna, y que los derechos fundamentales son los derechos humanos constitucionalizados que se caracterizan por protegen la dignidad, por ser criterio de validez de lo jurídico y por estar especialmente protegidos. La no discriminación, en sus diferentes variantes, las políticas de inclusión, el respeto a la autonomía pública y privada, son referentes esenciales del discurso de los derechos. En este sentido, no es posible comprender el significado de los derechos sin asociarlo a la lucha contra las barreras de cualquier tipo que dificultan el desarrollo de una vida humana digna.

Pues bien, como señalaba al comienzo, conectar los discursos de los derechos y el deporte no es algo habitual. De manera general, es posible relacionar de tres maneras el deporte con los derechos humanos. Por un lado, podemos afirmar que el deporte sirve para favorecer la satisfacción de los derechos; por otro, que la práctica del deporte es un derecho; y, por último, que la práctica del deporte está regida por los derechos.

Silvia Salardi se ha referido al primero de los sentidos. El punto de partida de su argumentación señala que el deporte puede ser una herramienta para la satisfacción de los derechos y que su práctica en sentido amplio debe realizarse desde el respeto a los derechos. Para la profesora italiana, los valores del deporte tienen que ver con los de los derechos y la práctica deportiva favorece bienes que los derechos protegen[332].

La consideración de la práctica deportiva como derecho humano pasa por considerar a esta como un bien ético y por encontrar un cierto apoyo normativo. Es decir, para considerar

---

[332] Salardi, S., *Lo sport come diritto umano nell'era del post-humano*, cit. También, Kidd, B., «Los derechos humanos en el deporte», *Apunts: Educación física y deportes*, n. 78, 2004, pp. 70 y ss.

la práctica deportiva como un derecho humano, tenemos que presentarla como pretensión moral justificada conectada con el desarrollo de una vida humana digna y enlazarla a alguna norma jurídica.

En relación con lo primero, aunque puede ser más o menos complejo relacionar la práctica deportiva con necesidades o con actividades básicas de la vida diaria (que son referentes que en otras ocasiones he utilizado para referirme a los derechos), tradicionalmente consideramos que la actividad deportiva posee relevancia ética (vida humana digna, libre desarrollo de la personalidad, instrumento para satisfacer bienes fundamentales...)[333]. Respecto a lo segundo, son pocas las Constituciones que contemplan el deporte como derecho humano. Y en el Plano internacional, ningún Tratado Internacional se refiere expresamente al deporte como derecho. En cambio, en cartas internacionales sin valor jurídico si que encontramos la construcción de la práctica del deporte como

---

333 Existe todo un proceso en el ámbito internacional, que ha llevado a subrayar esta dimensión. Así, el Informe «El deporte al servicio del desarrollo y la paz: Hacia los Objetivos de Desarrollo del Milenio», se dice: «tanto si se practica como juego o actividad física, como si se ejecuta de manera organizada y competitiva, el deporte constituye una manera poderosa y eficaz de avanzar hacia los Objetivos de Desarrollo del Milenio». A finales de 2003, la Asamblea General de las Naciones Unidas adoptó una resolución sobre la labor del deporte como medio para promocionar la salud, la educación, el desarrollo y la paz. El año 2005 fue proclamado como el Año Internacional del Deporte y la Educación Física, precisando que «las Naciones Unidas acuden al mundo del deporte en busca de ayuda en la lucha por la paz y el empeño por alcanzar los Objetivos de Desarrollo del Milenio». Unicef ha creado el concepto de deporte para el desarrollo. En 2015, la Asamblea General de las Naciones Unidas aprobó la Agenda 2030 para el Desarrollo Sostenible, que contenía un conjunto de 17 Objetivos de Desarrollo Sostenible (disponible en http://www.un.org/sustainabledevelopment/es/objetivos-de-desarrollo-sostenible/). Allí podía leerse: «Reconocemos que el deporte contribuye cada vez más a hacer realidad el desarrollo y la paz promoviendo la tolerancia y el respeto, y que respalda también el empoderamiento de las mujeres y los jóvenes, las personas y las comunidades, así como los objetivos en materia de salud, educación e inclusión social (párrafo 37 de la Agenda).

derecho humano. Así, la Carta Europea Deporte para Todos (1975) aprobada por el Consejo de Europa, señala en su artículo 1: «Todo individuo tiene derecho a participar en el deporte». Por su parte, la Carta Olímpica, en su Principio octavo, afirma: «La práctica del deporte es un derecho humano. Toda persona debe tener la posibilidad de practicar deporte sin discriminación de ningún tipo y dentro del espíritu olímpico, que exige comprensión mutua, espíritu de amistad, solidaridad y juego limpio». Por último, la Carta Internacional de la Educación Física, la Actividad Física y el Deporte, de la UNESCO, revisada en 2015, señala en su artículo 1 que la práctica de la educación física, la actividad física y el deporte es un derecho fundamental para todos: «Todo ser humano tiene el derecho fundamental de acceder a la educación física, la actividad física y el deporte sin discriminación alguna, ya esté ésta basada en criterios étnicos, el sexo, la orientación sexual, el idioma, la religión, la opinión política o de cualquier otra índole, el origen nacional o social, la posición económica o cualquier otro factor».

Desde un punto de vista doctrinal, Karlos Castilla se ha referido a la posibilidad de considerar la práctica del deporte como derecho humano en «El derecho humano a la práctica del deporte»[334]. En este trabajo, se habla de la práctica deportiva como el derecho que tiene toda persona a desarrollar actividades predominantemente físicas, de manera individual o colectiva, con fines recreativos o competitivos, de forma preferentemente organizada y sujeta a normas para su desarrollo. Para este autor, el núcleo o contenido esencial de la práctica del deporte es la posibilidad que tiene una persona de desarrollar la actividad física (deporte) de su preferencia en el nivel o intensidad que comúnmente lo hace. Así, para Castilla, se trata de un derecho con distinta protección según sea: Profesional / Para-profesional competitivo / Recreativo competitivo / Recreativo / Esporádico recreativo.

[334] En *Fair Play*, Revista de Filosofía, Ética y Derecho del deporte, 2015.

La práctica deportiva puede así entenderse como un derecho humano. Cuestión distinta es la de la presencia de los derechos humanos en dicha práctica.

Se trata de una práctica regida por normas y por autoridades, configurando un sistema propio que se entrecruza con el sistema jurídico general. Desde un punto de vista normativo, es posible diferenciar tres tipos de normas. Por un lado las que rigen la práctica de cada deporte (las llamadas reglas del juego o de la competición); por otro las que rigen la práctica deportiva general (Ordenamiento deportivo); por último las que rigen cualquier actividad o práctica (Ordenamiento jurídico). Se trata de tres ámbitos normativos que en ocasiones funcionan de manera independiente y en otras lo hacen de la mano o de manera enfrentada.

Los estudios realizados sobre estas normativas tomando como referencia los derechos humanos se han proyectado en el Ordenamiento deportivo y su relación con el Ordenamiento jurídico. Sin embargo, es difícil encontrar un análisis de las reglas del juego desde el punto de vista de los derechos, a pesar de que esta proyección abre importantes interrogantes[335].

En cualquier caso, la relación del deporte con los derechos humanos plantea interesantes retos. Si además, introducimos una nueva perspectiva como es la de la tecnología, surgen otros que no lo son menos.

Y es que, la cada vez mayor proyección de la tecnología en el deporte está produciendo importantes beneficios desde el punto de vista de los derechos humanos, algunos de ellos, incluso, relacionados con las propias reglas de juego. Sin embargo, existen aspectos de esta proyección, que son cuestionados. Tal vez, el más visible es el que tiene que ver con el uso de la tecnología para la mejora del rendimiento de los deportistas.

[335] Me he referido a esta cuestión en De Asís, R., «Derechos Fundamentales y Reglamentaciones Deportivas», en A. de Asís e I. Hernández (coord.), *Estudios sobre el dopaje en el deporte*, Dykinson, Madrid, 2006, p. 18.

2. MEJORA Y DEPORTE: EL DOPAJE

La tecnología se han convertido en una pieza imprescindible para el deporte (ya sea profesional o aficionado). Se utiliza para mejorar la verificación de los resultados de la competición, para hacer que el deporte llegue a más personas, pero también para la mejora artificial del rendimiento del deportista. Buena parte de la inversión tecnológica en el deporte se hace con esta finalidad, buscando siempre distanciarse de aquello que se presenta como línea roja: el dopaje. Y es que, normalmente, el tratamiento de esta mejora se hace en términos de dopaje.

Resulta complicado realizar una aproximación al dopaje desde un punto de vista general, dada la variedad de prácticas que se incluyen en este término. En lo que sigue, me referiré al dopaje como la utilización de sustancias o tecnologías destinadas a mejorar el rendimiento del deportista de manera no natural. Soy consciente de que se trata de una definición en si misma problemática[336]. En primer lugar porque no todo tipo de sustancias o tecnologías con esa finalidad son consideradas como dopaje, y en segundo lugar porque cada vez tenemos menos claro el significado de natural.

Por otro lado, la reflexión puede discurrir por caminos y argumentos distintos dependiendo del tipo de práctica deportiva. Además, como ha puesto de manifiesto Loland, la postura sobre la prohibición o no del dopaje está directamente relacionada con la concepción que se maneja sobre el deporte[337].

Pues bien, son precisamente las posiciones que relacionan la práctica deportiva con los derechos humanos, en los tres sentidos a los que me refería antes, las que suelen decantarse por la prohibición del dopaje.

---

336 Sobre distintos sentidos del término vid. Rosen, D.M., *Dope: A History of Performance Enhancement in Sports from Nineteenth Century to Today,* Praeger Publishers, Wetsport, 2008.

337 Loland, S., «Technology in Sport: Three ideal-typical view and their implication» en *European Journal of Sport Science,* 2 (1), 2002, pp. 1 y ss.

Numerosas declaraciones sobre el deporte señalan que su práctica debe ser realizada desde las fuerzas naturales del deportista y sin ayuda de elementos extraños (eso si, salvo los expresamente permitidos). La Ley del Deporte en España afirma en su preámbulo: «La Ley impulsa la necesidad de establecer instrumentos de lucha y prevención contra el consumo de sustancias prohibidas o el uso de métodos ilegales destinados a aumentar artificialmente el rendimiento de los deportistas, y esto tanto por el perjuicio que representa para la salud del deportista como por la desvirtuación del propio fenómeno deportivo».

En «Derechos fundamentales y deporte», un trabajo publicado en 1994, señalaba, refiriéndome a la normativa contra el dopaje, que ésta se justifica a través de dos vías: una relacionada con el sentido de la actividad deportiva (o del fenómeno deportivo) y la otra con la salud del deportista[338]. Aunque la mejora artificial del rendimiento a través de la tecnología a cambiado radicalmente desde entonces, creo que esas dos vías siguen estando presentes.

Así, la justificación de la normativa contra el dopaje se basa en una concepción del deporte como una práctica en la que los participantes utilizan únicamente sus recursos naturales físicos y psíquicos. Ahora bien, la consideración del deporte como actividad pública añade principios, bienes y objetivos. Me referiré a dos que suelen estar presentes en esta temática y que no son los únicos: la igualdad y la educación.

Es habitual referirse a la idea de igualdad para justificar este tipo de normativa. Se prohíbe toda alteración de los recursos ya que se considera que los participantes deben estar en igualdad de condiciones[339]. Se considera que los logros y los

---

[338] De Asís, R., «Derechos fundamentales y deporte», en *La Constitución y el deporte: X Jornadas Unisport sobre Derecho deportivo,* coord. por José Luis Carretero Lestón, 1994, pp. 93 y ss.

[339] Loland, S. y Mcnamee, M., «Fair Play and the Ethos of Sports: An Eclectic Philosophical Framework», en *Journal of the Philosophy of Sport,* 27, 2000, pp. 63 y ss.

premios deportivos se obtienen desde unas reglas iguales para todos y desde sus capacidades y habilidades. Ahora bien, la presencia de la idea de igualdad en el deporte, admite algunas matizaciones.

Así, en primer lugar, no por obvio debe dejar de advertirse que esta concepción del deporte admite tratos diferentes desde los que se matiza esa idea de la existencia de reglas iguales para todos. Muestra de ello pueden servir los distintos baremos y reglas para la mujer y el hombre o para los deportistas con y sin discapacidad; las diferentes reglas según la edad, el peso, etc...

En segundo lugar, no cabe duda de que la capacidad en muchos casos no es una «capacidad natural» sino más bien consecuencia de otros factores. Siempre que se tiene en cuenta un discurso sobre capacidades hay que relacionarlo con las posibilidades. Así por ejemplo, las posibilidades de un sujeto bien alimentado son mucho mayores que las de un sujeto mal alimentado, como lo son también las posibilidades de un deportista con entrenador, con médico, con psicólogo, con instalaciones, etc... (lo que implica que los recursos económicos matiza esta compresión del deporte). Claro está que se trata de problemas que no afectan sólo al deporte. Pero en todo caso, conviene ser consciente de este matiz.

Lo anterior tiene un alcance mucho mayor en relación con el deporte profesional, en el que la concepción del deporte igualitario parece ser desmentida por la realidad. En efecto, en este ámbito, la presencia del elemento económico se proyecta también en los propios deportistas y acrecienta la distinción entre el deportista con recursos y el deportista sin recursos.

A pesar de todo lo anterior, es cierto que la prohibición de la alteración del rendimiento a través de la utilización de determinadas sustancias y tecnologías, impuesta de manera general, puede justificarse desde el intento de fomentar una práctica deportiva igual, aunque también ello podría lograrse desde un planteamiento completamente permisivo, siendo conscientes de que en este caso seguirían existiendo desigualdades derivadas de la cuestión de las posibilidades...

Parece así que el recurso a la idea de igualdad como justificación de este tipo de normativa presenta algunos problemas, por lo que debe ir acompañado de otros principios.

Entre estos principios en habitual referirse a la educación, tomando como referencia el papel que el deporte desempeña en la sociedades contemporáneas. El deporte se concibe como ejemplo de un tipo de actividad que integra una serie de valores presentes en el modelo de sociedad que queremos[340].

Ahora bien, este argumento también presenta algunas complicaciones. Tal vez la más obvia, se deduce del hecho de que esa exigencia o prohibición no se extiende a otras actividades. Por ejemplo, en el ámbito laboral se busca el mayor rendimiento de las personas y se admite (incluso socialmente) que ello se logre con utilizando, si es preciso, sustancias y tecnologías.

La segunda vía de justificación es la que alude a la salud del deportista. No cabe duda de que una práctica razonable del deporte conlleva consecuencias beneficiosas para la salud de los deportistas. Pero también es cierto que en determinados niveles, esa práctica puede ser perjudicial. En cualquier caso, el argumento de la salud considerado de forma aislada, nos conecta con un tema clásico de la filosofía política y jurídica: el paternalismo.

Ernesto Garzón Valdés, ha propuesto la siguiente definición de paternalismo jurídico: «la intervención coactiva en el comportamiento de una persona [incompetente básica] a fin de evitar que se dañe a sí misma»[341]. El núcleo central de esta definición es la de incompetente básico. Miguel Angel Ramiro, en «Sobre el paternalismo», afirma que se considera como incompetente básico a aquella persona que (i) no evalúa suficientemente los riesgos de la actividad en la que está inmersa, (ii) o que es incapaz de salvaguardar aquellos bienes que considera valiosos, (iii) o que no es capaz de saber qué es lo que más le

---

340 Vid. en este sentido Salardi, S., obra cit.

341 Garzón Valdés, E., «Sigamos discutiendo sobre el paternalismo», en *Doxa*, *5*, 1988, p. 155.

conviene atendiendo a sus intereses. Esto es, no es capaz de enfrentarse racionalmente o con una alta probabilidad de éxito a ciertos desafíos o problemas que va a encontrarse en algún momento a lo largo de su vida. Se habla de incompetencia cuando hay ignorancia, compulsión o carencia de razón[342].

Así, se considera, de manera discutida, que es posible justificar el establecimiento de medidas normativas paternalistas cuando la incompetencia básica pueda ser demostrada. Pues bien, la cuestión a estudiar y a plantear es la de si el deportista es, o puede ser en algún momento, un incompetente básico.

Y esta cuestión no puede ser contestada de una manera general y válida para todas las situaciones. Por eso, el argumento de los riesgos para la salud, no es un argumento fuerte en este ámbito, pero más allá de él, existe otro ámbito de la incompetencia básica del deportista que es el de la compulsión. En este sentido, la proyección de esta justificación se traslada al examen de la autonomía real del deportista, esto es, del consumo o uso de la tecnología consentido libremente y no impuesto.

Como se habrá comprobado, ninguno de los argumentos utilizados en el interior del discurso del deporte, justifican de manera definitiva una toma de postura sobre la prohibición o permisión del dopaje. Por eso se ha propuesto analizar esta práctica desde la discusión general sobre la justificación o no de las intervenciones de mejora[343].

3. SOBRE LAS INTERVENCIONES DE MEJORA

La contraposición entre terapia y mejora es una cuestión ya tradicional en el campo de la reflexión ética sobre las nuevas

---

[342] Ramiro Avilés, M.A., «A vueltas con el paternalismo jurídico», en *Derechos y libertades, n. 15*, 2006, pp. 211 y ss.

[343] Vid. López Frias, F.J., *Mejora humana y dopaje. Una propuesta crítica*, cit.

tecnologías y ha sido aludida varias veces en este libro. Se trata de una distinción que posee importantes consecuencias ya que se utiliza para diferenciar lo que es o no es admisible desde un punto de vista ético.

En el ámbito deportivo, sobre todo en el deporte profesional, existe cierta tendencia a admitir en mayor medidas las intervenciones de mejora, siempre y cuando éstas no sobrepasen los límites del dopaje.

Con todo, como ya hemos visto en este libro, no tenemos claro el concepto de mejora y tampoco el de intervención terapéutica. Una misma técnica o un mismo medicamento puede ser entendido como terapia o como mejora. Y en el deporte ocurre lo mismo. Uno de los campos en donde esta situación en más visible es en el del deporte de personas con discapacidad.

El Parlamento europeo, en 2009, dentro del informe «Human Enhancement Study»[344] definió la intervención de mejora como aquella «destinada a mejorar el rendimiento humano individual provocada por el uso de tecnologías de base científica en el cuerpo humano». Pero esta definición no nos permite diferenciar entre intervención de mejora e intervención terapeútica, ni nos proporciona criterios para saber cuando son o no aceptables.

Las intervenciones de mejora plantean principalmente dos problemas. Uno de ellos es el de la discriminación y el otro el de la alteración del desarrollo moral[345].

Las mejoras pueden ser discriminatorias en si mismas pero también en lo relativo a su acceso. Pueden ser discriminatorias en si mismas porque, por ejemplo, contribuyan a mantener una situación de discriminación o el estigma de un grupo. Esto es muy habitual cuando el progreso tecnológico se proyecta en el

---

344 Disponible en https://www.itas.Kit.edu/downloads/etag_coua09a.pdf.

345 Lema, C., «Intervenciones biomédicas de mejora, mejoras objetivas y mejoras discriminatorias: ¿De la Eugenia al darwinismo social?», en *Anales de la Cátedra Francisco Suárez, 49,* 2015, pp. 367 y ss.

campo de la discapacidad, manejando una visión médica de estas situaciones[346]. Pero también pueden ser discriminatorias en cuanto a su acceso, al quedar este reducido a unas pocas personas. No hay que pasar por alto que uno de los grandes problemas éticos de estas tecnologías tiene que ver con la garantía de una igualdad de oportunidades para su disfrute y, por ende, con la posibilidad de aumentar la brecha entre ricos y pobres (ya sean personas o países).

La cuestión de la discriminación, uno de los núcleos del enfoque de derechos, puede estar presente en el campo de las intervenciones de mejora deportivas y ser una razón para su cuestionamiento.

Obviamente, la objeción de la discriminación, sirve para todos aquellos que defiendan una teoría de la justicia igualitaria, pero no es relevante para aquellos que no lo hagan[347]. Por otro lado, se ha argumentado que en una sociedad con personas mejoradas existirían más oportunidades de redistribuir fruto de la actuación de éstas, y menos personas a las que atender[348]. Pero esta reflexión tiene un problemático acomodo en el ámbito deportivo.

En todo caso, y más allá de la cuestión de la discriminación, puede haber intervenciones que pongan en peligro el desarrollo moral de la personalidad, esto es el desarrollo de una vida humana digna, que es el fundamento principal de los derechos. Para muchos, este desarrollo implica la realización de esfuerzos y sacrificios que pueden desaparecer con las tecnologías de mejora. Con estas tecnologías puede reducirse sen-

---

346 He tratado este problema en De Asís, R., «Derechos y situaciones de vulnerabilidad», en Marcos del Cano, A. (ed.), *En tiempos de vulnerabilidad: reflexiones desde los derechos humanos*, Dykinson, Madrid, 2020.

347 Por ejemplo, J. Savulescu defiende prácticas genéticas de mejora con independencia de que a través de ellas se incremente la desigualdad social. Vid. Savulescu, J., *¿Decisiones peligrosas?: Una bioética desafiante*, Tecnos, Madrid, 2012, p. 45.

348 Vid. Harris, J., *Enchancing Evolution. The Ethical Case for Making Better People*, cit., p. 120.

siblemente nuestro sentido de autonomía y responsabilidad[349] y por tanto nuestra propia agencia moral.

De alguna manera, la tesis de Habermas de que toda intervención que altere aquello que nos hace ser partícipes de la misma especie no está justificada[350], ha sido utilizada como referente de justificación de la restricción del dopaje. Lo verdaderamente determinante respecto al dopaje sería comprobar si con él se deshumaniza la naturaleza humana[351]. Desde este referente, por ejemplo, podríamos rechazar en principio los tres tipos de modificaciones mejoradoras que, según Pérez Triviño podrían experimentar los deportistas en un futuro no muy distante: el dopaje genético, los implantes en el cuerpo que convertirán a los deportistas en ciborgs y la creación de seres híbridos y quimeras[352].

Sin embargo, como se habrá advertido, esta argumentación parte de una idea controvertida: la de la identidad humana. Resulta difícil establecer cuales son los rasgos que nos identifican y singularizan, y defender que se mantienen de manera constante a lo largo de la historia de la humanidad. No hay que pasar por alto que las personas a lo largo de su vida sufren cambios radicales, esto es, se ven afectadas por mejoras radicales naturales que no afectan necesariamente a su identidad personal ni se cuestionan en términos de especie. Y si esto es así, ¿por qué lo van a hacer mejoras radicales artificiales?[353].

---

349 Vid. Ach, J.S., «Improving human performance?», en J. S. Ach, J.S. y Lüttenberg, B. (eds.), *Nano- biotechnology, nanomedicine and human enhancement*, Berlín, 2008.

350 Vid. Habermas, J., *El futuro de la naturaleza humana. ¿Hacia una eugenesia liberal?,* Paidós, Barcelona, 2010, p. 50.

351 Vid. Lopez Frías, F.J., *Mejora humana y dopaje. Una propuesta crítica*, cit.

352 Pérez Triviño, J.L., «Deportistas tecnológicamente modificados y los desafíos al deporte», en *Revista de Bioética y Derecho, n. 24*, enero 2012, p. 6

353 Bostrom, N. y Ord, T., «The Reversal Test: Eliminating Status Quo Bias in Applied Ethics», en *Ethics 116*, 2006, pp. 656 y ss.

4. ALGUNAS CONCLUSIONES

La distinción entre mejora y terapia y sus consecuencias no son cuestiones cerradas en el campo de la filosofía. Sin embargo, necesitamos líneas que nos permitan establecer incentivos y límites. Dejar este problema en manos del libre juego del mercado o del deseo humano puede que no sea la mejor opción.

He señalado que el marco desde el que configurar estos referentes debe ser aquel que en los últimos siglos ha construido la humanidad para hacer frente a los problemas que nos acompañan: los derechos humanos. Eso si, debemos ser capaces de adaptar este discurso al progreso tecnológico sin que eso suponga desvirtuarlo[354].

En este sentido, analizar la mejora tecnológica desde el punto de vista de los derechos exige situar la inclusión y la no discriminación como aspecto a tener en cuenta en toda intervención, y situar la lucha contra las barreras como su principal objetivo. Esto implica estar abiertos a las mejoras siempre y cuando no discriminen, el acceso a ellas sea universal y no supongan un daño a los derechos.

Recientemente, en un artículo escrito junto a Migle Laukyte, nos hemos referido, precisamente, a la necesidad de adoptar ante los retos éticos y jurídicos que nos plantea la tecnología, un planteamiento abierto a la mejora pero respetuoso con los derechos. Un planteamiento que sirva para superar los problemas que el humanismo de la modernidad y el transhumanismo posmoderno producen en relación con un enfoque correcto de la tecnología desde los derechos humanos, y que hemos denominado como transhumansmo inclusivo o humanismo de la diversidad[355].

---

354 Vid. De Asís, R., *Una mirada a la robótica desde los derechos humanos*, Dykinson, Madrid, 2015.

355 Vid. De Asís, R. y Laukyte, M., «Transhumanismo y envejecimiento», en *Soluciones tecnológicas para los problemas ligados al envejecimiento: cuestiones éticas y jurídicas*, Dykinson, Madrid, 2020.

Es de sobras conocido que en la reflexión filosófica sobre el progreso tecnológico existen dos planteamientos enfrentados. Por un lado las posiciones transhumanistas y, por otro lado, las humanistas. Ambos se diferencian, entre otras cosas, por su posicionamiento ante la mejora. Sin embargo, sus referentes no son tan distintos.

El transhumanismo defiende la libertad del ser humano de utilizar la tecnología para mejorar su vida. Se trata de una ideología que surge del convencimiento de que la tecnología puede resolver los problemas sociales contemporáneos[356], por eso consideran que las tecnologías de mejora humana deben ser ampliamente difundidas.

Ahora bien, no puede decirse que el ideal de mejorar las condiciones de vida de las personas sea exclusivo del transhumanismo. La preocupación del ser humano por mejorar sus cualidades no es novedosa y puede decirse que ha acompañado a la historia de la humanidad. Así está también presente en el humanismo de la modernidad, donde surge la filosofía de los derechos humanos.

El discurso humanista de la modernidad (que es todavía el discurso humanista presente en la sociedad) y el transhumanista, comparten la idea de la singularidad de lo humano. En ambos discursos la idea de lo normal (representada en modelos de personas y en modelos de sociedad) es una referencia esencial.

Así, la consideración del ser humano como algo singular ha formado parte del discurso humanista de la modernidad que crea la filosofía de los derechos humanos y el ideal de la dignidad humana. Esta singularidad sirve, en este discurso, para considerar a la especie humana como única y perfecta.

Las notas de la singularidad y de la perfección se han configurado en este discurso tomando como referencia lo «normal», esto es, una construcción de aquello supuestamente común a todos los seres humanos y que básicamente es repre-

---

[356] Vid. Llano, F., *Homo excelsior. Los límites ético-jurídicos del transhumanismo*, Tirant Lo Blanch, Valencia, 2018.

sentado a través del cuerpo y la razón. Así, a la perfección se llega cuando esa construcción de lo «normal» alcanza unos rasgos que son, de nuevo, resultado de construcciones sociales y que sirven para predicar la excelencia humana. A medida que el ser se va alejando de esos rasgos su singularidad va disminuyendo y su consideración humana también.

La visión de lo humano para el discurso humanista tiene que ver con la singularidad y la excelencia, desde la que se justifica la dignidad humana. El discurso transhumanista parte de esta idea de ser humano que es considerado ahora como imperfecto buscando su mejora (la excelencia transhumanista) mediante la tecnología para volver a alcanzar la dignidad.

En ambos discursos existe una minusvaloración de la diversidad humana que se proyecta en el tratamiento de la mejora. Para el discurso humanista de la modernidad, la mejora tecnológica se justifica como herramienta de igualdad, esto es, para lograr que los alejados de la normalidad se acerquen a ella; para el discurso transhumanista, la mejora se justifica, además, como herramienta para acabar con aquello que nos hace débiles (imperfectos).

Por eso, es posible construir un humanismo de la diversidad o transhumanismo inclusivo, que defiende un desarrollo tecnológico que no favorece una estructura social discriminatoria, sino que tiene como prioridad corregir deficiencias sociales (ambiente, hábitos, actitudes, entornos, etc…). No es un discurso contrario a la mejora, pero establece prioridades en su enfoque. El discurso de la mejora debe ser, en primer lugar, una cuestión de intervenciones sociales y políticas[357].

Las consecuencias que la adopción de este transhumanismo inclusivo o humanismo de la diversidad podría tener para el problema de la mejora en el deporte están todavía por determinar. En todo caso, es posible ya señalar que la principal consecuencia tiene que ver con cuales deben ser las prioridades del

[357] Vid. Hall, M.C., *The Bioethics of Enhancement: Transhumanism, Disability, and Biopolitics,* London: Lexington Books, London, 2016.

uso de las tecnologías de mejora en el deporte. Así, la prioridad principal debe ser la lucha contra las barreras existentes y de cualquier tipo para la práctica deportiva. Dicho de otra manera, las tecnologías de mejora deben ir encaminadas a satisfacer el acceso universal al deporte. A partir de ahí, y como segunda prioridad, la mejora tecnológica debe dirigirse a satisfacer y maximizar los principios que presiden el deporte y su práctica.

Desde esos dos referentes la mejora artificial del rendimiento de los deportistas puede ser menos polémica. Ahora bien, su uso razonable, en consonancia con el discurso de los derechos, debe ir aparejado de una ampliación de las modalidades deportivas y su tipología, para seguir manteniendo su compatibilidad con los principios del deporte.

BIBLIOGRAFÍA

AA.VV., *Artificial Intelligence: the global landscape of ethics guidelines*, Health Ethics & Policy Lab, ETH Zurich , 2019.

Ach, J.S., «Improving human performance?», en Ach, J.S. y Lüttenberg, B. (eds.), *Nano- biotechnology, nanomedicine and human enhancement*, Berlín, 2008.

Acosta, A., «Los Derechos de la Naturaleza. Una lectura sobre el derecho a la existencia», en A. Acosta, A. y Martínez, E., *La naturaleza con derechos: de la filosofía a la política*, Abya-Yala, Quito, 2011.

Agar, N., *Liberal Eugenics. In Defense of Human Enhancement*, Blackwell, Oxford, 2004.

Alegre, S. Regulating around freedom in the «forum internum». *ERA Forum* 21, 2021.

Aletras, N., Tsarapatsanis, D., Preoţiuc-Pietro, D. y Lampos, V., «Predicting judicial decisions of the European Court of Human Rights: a Natural Language Processing perspective», en *PeerJ Comput. Sci. 2:e93* , 2016. Disponible en https://peerj.com/articles/cs-93.pdf.

Alexandre, L.,*La Guerre des Intelligences. Intelligence Artificielle versus Intelligence Humaine,* JCLattes, París, 2017.

Alexy, R., *Teoría de la argumentación jurídica*, trad. de M. Atienza e I. Espejo, Centro de Estudios Constitucionales, Madrid, 1989.

Allhoff, F., «What Are Applied Ethics?», en *Sci Eng Ethics, n. 17,* 2011.

Alonso García, E., *La interpretación de la Constitución*, Centro de Estudios Constitucionales, Madrid, 1984.

Allen, C. y Wallach, W., «Moral Machines: Contradiction in Terms or Abdication of Human Responsibility?», en Lin, P., Abney, K y Bekey, G.A. (eds.), *Robot Ethics, The Ethical and Social Implications of Robotics*, MIT Press, Cambridge, 2012.

Allhoff, F., «What Are Applied Ethics?», en *Sci Eng Ethics, n. 17*, 2011.

Ansuátegui Roig, F.J., «Nuove Tecnologie e Spazio Pubblico», en Salardi, S. y Saporiti, M. (eds.), *Le tecnologie 'morali' emergenti e le sfide etico-giuridiche delle nuove soggettività*, Giappichelli, Torino 2020.

Applebaum, A., *El Ocaso de la Democracia. La Seducción del Autoritarismo*, Debate, Madrid, 2021.

Arendt, H., *Eichmann en Jerusalén: Un estudio sobre la banalidad del mal*, Lumen, 2012.

Arkin, R., «Governing Lethal Behavior: Embedding Ethics in a Hybrid Deliberative/reactive Robot Architecture», 2007, disponible en http://www.cc.gatech.edu/ai/robot-lab/online-publications/formalizationv35.pdf

Arkin, R., Ulam, P., y Wagner, A.R., «Moral Decision-making in Autonomous Systems: Enforcement, Moral Emotions, Dignity, Trust and Deception», *Proceedings of the IEE, vol. 100*, 2012.

Asaro, P.M., «Robots and Responsibility from a Legal Perspective», disponible en https://peterasaro.org/writing/ASARO%20Legal%20 Perspective.pdf

— «What Should We Want From a Robot Ethic?», en *IRIE, International Review of Information Ethics, vol. 6*, 12/2006.

Ashley, K., *Modeling Legal Argument*, MIT Press, 1990.

Atienza, M., «Para una teoría de la argumentación jurídica», en *Doxa, n.* 8, 1990.

Ausín, T., Morte, R. y Monasterio, A., «Neuroderechos: Derechos humanos para las neurotecnologías», en *Diario La Ley, n. 43*, Sección Ciberderecho, Wolters Kluwer, 8 de octubre de 2020.

Balkin, J.M., «The Path of Robotics Law», *California Law Review Circuit, vol. 6*, 2015.

Bariffi, F., El régimen jurídico internacional de la capacidad jurídica de las personas con discapacidad, Cinca, Madrid, 2015.

— «Inteligencia artificial, derechos humanos y discapacidad. ¿Reflejo de los prejuicios humanos u oportunidad del transhumanismo?, en De Lorenzo García, R. y Pérez Bueno, L.C., *Nuevas fronteras del Derecho de la Discapacidad, vol. II,* Aranzadi, Pamplona, 2021.

Bandes, S. A., «The promise ans Pitfalls of Neuroscience for Criminal Law and Procedure», *Ohio State Journal of Criminal Law, vol. 8*, 2010.

Barona Villar, S., Algoritmización del Derecho y de la Justicia. De la Inteligencia Artificial a la Smart Justice, Tirant Lo Blanch, Valencia, 2021.

Barranco, M.C., *Diversidad de situaciones y universalidad de los derechos*, Dykinson, Madrid, 2011.

— *Condición humana y derechos humanos*, Dykinson, Madrid 2016.

Barrientos, A. y Balaguer, C., *Fundamentos de robótica*, McGraw-Hill, Barcelona, 2007.

Barrio Andrés, Moisés (dir.), *Derecho de los Robots*. Editorial Wolters Kluwer, Madrid, 2018.

— «¿Una personalidad electrónica para los robots?, en AA.VV., *Sociedad Digital y Derecho*, BOE, Madrid, 2018, pp. 127 y ss.

Bauman, Z. y Donskis, L., *Ceguera moral. La pérdida de sensibilidad en la modernidad líquida*, Paidós, Barcelona, 2015.

Beauchamp, T.L. y Childress, J.F., *Principios de ética biomédica*, (trad. de T. Gracia, F. J. Júdez y L. Feito, Masson, Barcelona, 1999.

Bekey, G.A., «Current Trends in Robotics: Technology and Ethics», en Lin, P., Abney, K y Bekey, G.A. (eds.), *Robot Ethics, The Ethical and Social Implications of Robotics*, MIT Press, Cambridge, 2012.

Belloso Martín, N., «Los desafíos iusfilosóficos de los usos de la Inteligencia Artificial en los sistemas judiciales: a propósito de la decisión judicial robótica vs decisión judicial humana», en Belloso Martín, N. (dir.), *Sociedad Plural y Nuevos Retos del Derecho,* Aranzadi, Pamplona, 2021.

Bernal Pulido, C., *El principio de proporcionalidad y los derechos fundamentales,* Centro de Estudios Políticos y Constitucionales, Madrid 2003

Bertolini, A, Salvini, P., Pagliali, T., Morachiolli, A., Aceri, G., Trieste, L., Cavallo, F., Turchetti, G., y Dario, P., «On Robots and Insurance», en *International Journal of Social Robotics, vol. 8, 3,* 2016.

Bertolini, A., «Robots as Products: The Case for a Realistic Analysis of Robotic Applications and Liability Rules», 2013. Disponible en http://web.jus.unipi.it/summer-lisbon/wp-content/uploads/sites/3/2014/06/Bertolini_Robots-as-Products.pdf.

— «Robots and liability: Justifying a change of perspective», en Battaglia, F., Mukerji, N. y Nida-Rümelin, J. (eds.), *Rethinking Responsibility in Science and Technology*. Pisa University Press, 2014.

Bishop, P., *Computadores de la 5ª generación,* trad. de T. Hurtado Merelo, Paraninfo, Madrid, 1989

Bobbio, N. y Conte, A., *Derecho y lógica. Bibliografía de lógica jurídica (1936-1960)*, UNAM, México, 1965.

— *Contribución a la Teoría del Derecho*, Fernando Torres, Valencia, 1980.
— «Sobre el fundamentos de los derechos del hombre», en *El tiempo de los derechos*, Sistema, Madrid, 1991
— «El tiempo de los derechos», en *El tiempo de los derechos*, Sistema, Madrid, 1991.
Bond, P. y otros., «Theme A Summary», en M. Roco and W. Bainbridge (eds.), *Converging Technologies for Improving Human Performance: Nanotechnology, Biotechnology, Information, Technology and Cognitive Science*, Springer Science, Dordrecht, 2003.
Borbón, D., «Incompatibilismo humanista: Una contrapropuesta del neuroabolicionismo penal», en *Cuadernos Electrónicos de Filosofía del Derecho, n. 45*, 2021.
Borbón, D, Borbón, L. y Laverde, J., «Análisis crítico de los NeuroDerechos Humanos al libre albedrío y al acceso equitativo a tecnologías de mejora», en *Ius et Sciencia, vol. 6, n. 2*, 2020.
Borbón, D. y Borbón, L., «A Critical Perspective on NeuroRights: Comments Regarding Ethics and Law», en *Frontiers in Human Neuroscience, vol. 15*, 2021.
Borbón, D., Borbón, L y León Bustamante, M.A., «NeuroRight to Equal Access to Mental Augmentation: Analysis from Posthumanism, Law and Bioethics», en *Revista Iberoamericana de Bioética, n. 16*, 2021.
Bostrom, N., «In Defense of Posthuman Dignity», *Bioethics, vol. 19, n. 3*, 2005.
— «The Fable of the Dragon-Tyrant», en *Journal of Medical Ethics*, Vol. 31, No. 5, 2005
— «The Transhumanist FAQ. Versión 2.1 (2003)», *World Transhumanist Association*, disponible en www.transhumanism.org.
Bostrom, N. y Ord, T., «The Reversal Test: Eliminating Status Quo Bias in Applied Ethics», en *Ethics 116*, 2006,
Bostrom, N. y Yudkowsky, E., «The Ethics of Artificial Intelligence», en http://www.nickbostrom.com/ethics/artificial-intelligence.pdf.
Bregman, R., *Dignos de ser humanos,* trad. de G. Fernández, Anagrama, Barcelona, 2021.
Brooks, R., *Flesh and Machines: How Robots Will Change Us*, Vintage, 2003.
Brynjolsson, E. y Mcfee, A., *Race Against the Machine*, Digital Frontier Press, 2011.

Bublitz, C., «My mind is mine!? Cognitive liberty as a legal concept,» en *Cognitive Enhancement*, ed. H. Franke, H. (ed.), Springer, Berlin, 2013.

— «Moral Enhancement and Mental Freedom», en *Journal of Applied Philosophy, 33 (1)*, 2016.

Buchanan, B.G. y Headrick, Th.E., «Some Speculation about Artificial Intelligence and Legal Reasoning» en *Stanford Law Review, vol. 23, n. 1*, 1970.

Buchanan, A., Brock, D.W., Daniels, N., y Wikler, D.,*From Chance to Choice. Genetics & Justice*, Cambridge University Press, 2000.

Cáceres Nieto, E., Díez García, J., García García, E., «Neuroética y neuroderechos», en Revista del posgrado en derecho de la UNAM, n. 15, julio - diciembre de 2021.

Calo, M.R., «Open Robotics», en *Maryland Law Review*, vol. 70, 2011.

— «Robots and Privacy», en Lin, P., Abney, K y Bekey, G.A. (eds.), *Robot Ethics, The Ethical and Social Implications of Robotics*, MIT Press, Cambridge, 2012.

— «Robotics and the Lessons of Ciberlaw», en *California Law Review, vol. 103, n.3*, 2015.

— «Robots in American Law», *University of Washington School of Law Research Paper No. 2016-04*.

Calvo, J., *Derecho y narración*, Ariel, Barcelona, 1996.

Campione, R., «A vueltas con el transhumanismo: cuestiones de futuro imperfecto», en *Cuadernos Electrónicos de Filosofía del Derecho, n. 40*, 2019.

— *La plausibilidad del derecho en la era de la Inteligencia Artificial. Filosofía carbónica y filosofía silícica del derecho*, Dykinson, Madrid, 2020.

Carrasco Perera, A., «El juicio de razonabilidad en la justicia constitucional», en *Revista Española de Derecho Constitucional, 11*, 1984.

Casadei, Th. y Pietropaoli, S., «Intelligenza artificiale: fine o confine del diritto?», en Casadei, Th. y Pietropaoli, S., *Diritto e Tecnologie Informatiche*, Wolters Kluwer, Milan, 2021.

Casanovas, P., «Tecnología, Inteligencia Artificial y Web Semántica. Un mundo para todos y para cada uno», en Fabra, J. y Spector, E. (eds.), *Manual de Filosofía y Teoría del Derecho, T. I, cap. XXV*, Universidad Nacional Autónoma de México, México, 2013.

Castilla, K.,» El derecho humano a la práctica del deporte», en *Fair Play*, Revista de Filosofía, Ética y Derecho del deporte, 2015.

Castro Cid, B., «Derechos humanos. Biotecnología. Derechos Humanos. Una compleja interacción circular», en Marcos del Cano, A. (coord.), *Bioética y derechos humanos*, UNED, 2012.

Cazorla Prieto, L.M., *Deporte y Estado,* Labor, Barcelona, 1979.

Chen, D.L., «Judicial analytics and the great transformation of American Law», en *Artificial Intelligence and Law, 27,* 2019.

Churchland, P.S., *Neurophilosphy: Toward a Unified Science of the Mind-Brain*, MIT Press, Cambridge, 1982.

Churchland, P.S., *El cerebro moral*, Paidos, Barcelona, 2012.

Cortina, A., «La conquista de la libertad. Una perspectiva neuroética», en Blanco Mercadé, A. y Núñez Cubero, M.P., *La bioética y el arte de* elegir, Asociación de Bioética Fundamental y Clínica, León, 2013.

— *Neuroética y neuropolítica. Sugerencias para la educación moral,* Tecnos, Madrid, 2011

Cubero, M.P., *La bioética y el arte de elegir*, Asociación de Bioética Fundamental y Clínica, León, 2013.

Cuenca Gómez, P., «Disability and Humans Rights: A Theoretical Analysis», en *The Age of Human Rights Journal*, 4, 2015.

Damasio, A.R., *Y el cerebro creó al hombre. ¿ Cómo pudo el cerebro generar emciones, sentimientos ideas y el yo ?,* trad. de Ferrán Meler Orti, Destino, Barcelona, 2010.

Damasio, A.R., y otros, «The Return of Phineas Gage: Clues About the Brain from the Skull of a Famous Patient», en *Science*, vol. 264, issue 5162, mayo de 1994.

Darling, K., «Extending legal protection to social robots: the effects of anthropomorphism, empathy, and violent behaviour towards robotic objects», en Calo, R., Froomkin, M. y Kerr, I. (coords.), *Robot law*, Edward Elgar Publishing, Nueva York, 2016.

De Asís, R., «Derechos fundamentales y deporte», en *La Constitución y el deporte: X Jornadas Unisport sobre Derecho deportivo,* coord. por José Luis Carretero Lestón, 1994.

— *Jueces y normas*, Marcial Pons, Madrid, 1995.

— *Sobre el razonamiento judicial,* McGraw-Hill, Madrid, 1998.

— *Las paradojas de los derechos fundamentales como límites al Poder,* Dykinson, Madrid, 2000.

— *Sobre el concepto y el fundamento de los derechos: una aproximación dualista*, Dykinson, Madrid, 2001.

— «Sobre la motivación de los hechos», en *Anuario de Filosofía del Derecho, vol. XVIII,* 2001.

— «La incursión de la discapacidad en la teoría de los derechos: posibilidad, elección, Derecho y Poder», en Campoy, I. (ed.), *Los derechos de las personas con discapacidad: perspectivas sociales, políticas, jurídicas y filosóficas*, Dykinson, Madrid, 2004.
— *El juez y la motivación en el Derecho*, Dykinson, Madrid, 2005.
— «Derechos Fundamentales y Reglamentaciones Deportivas», en A. de Asís e I. Hernández (coord.), *Estudios sobre el dopaje en el deporte*, Dykinson, Madrid, 2006.
— «Notas sobre el debido proceso», en *Papeles de Teoría y Filosofía del Derecho, n. 6*, 2010. Disponible en https://e-archivo.uc3m.es/bitstream/handle/10016/9224/notas_sobre_el_debido_proceso_rafael_de_asis_%202010.pdf?sequence=1&isAllowed=y.
— «Las situaciones de dependencia desde un enfoque de derechos humanos». en M. A. Ramiro y P. Cuenca (ed.), *Los derechos humanos: la utopía de los excluidos*, Dykinson, Madrid, 2010.
— *Sobre discapacidad y derechos*, Dykinson, Madrid, 2013.
— *Una mirada a la robótica desde los derechos humanos*, Dykinson, Madrid, 2014.
— «Desafíos éticos de los ciborgs», en *Universitas, 30*, 2019.
De Asís, R. y Laukyte, M., «Transhumanismo y envejecimiento», en *Soluciones tecnológicas para los problemas ligados al envejecimiento: cuestiones éticas y jurídicas*, Dykinson, Madrid, 2020.
De Asís Pulido, M., «La incidencia de las nuevas tecnologías en el debido proceso», en *Ius et Scientia*, vol. 6, n. 2, 2020,
— «Derecho al debido proceso e Inteligencia Artificial», en Llano Alonso, F.H. y Garrido Martín, J., *Inteligencia Artificial y Derecho. El jurista ante los retos de la era* digital, Aranzadi, Pamplona, 2021.
De Miguel Beriain, I. y Armaza Armaza, E., «Un análisis ético de las nuevas tecnologías de edición genética: el CRISPR-Cas9», en *Análes de la Cátedra Francisco Suarez, 52*, 2018.
Demetrio Crespo, E. y Maroto Calatayud, M., *Neurociencias y Derecho Penal,* Edisofer, Madrid, 2013.
Díaz Alabart, S., *Robots y responsabilidad civil*, Reus, Madrid 2018.
Diéguez, A., *Transhumanismo: La búsqueda tecnológica del mejoramiento humano*, Herder, Barcelona, 2017.
Dreyfus, H.L., *What computers can't do: a critique of artificial reason,* Harper and Row, New York, 1976.
Dreyfus, H.L. y Dreyfus, S.E., *Mind over Machine*, Free Press, New York, 1986.

Dworkin, R., *Virtud Soberana,* Paidos, Barcelona 2003.

Evers, K., *Neuroética. Cuando la materia se despierta,* Katz, Buenos Aires, 2010.

Farah, M. J., «Social, Legal, and Ethical Implications of Cognitive Neuroscience: «Neuroethics» for Short», en *Journal of Cognitive Neuroscience, 19,* 2007.

Feito, L., «Neurofármacos y mejora humana», en en AA.VV., *El mejoramiento humano. Avances, Investigaciones y reflexiones éticas y políticas*, Comares, Granada, 2015.

Ferry, L., *La revolución transhumanista*, Alianza Editorial, Madrid, 2017.

Fins, J. J. «Neuromodulation, free will and determinism: lessons from the psychosurgery debate», en *Clinical Neuroscience Researh.* 4, 2004.

Fletcher, D.J., «Transhuman Perfection: The Eradication of Disability Through Transhuman Technologies», *HUMANA.MENTE Journal of Philosophical Studies, 7(26)*, 2014.

Flesher; S.N., Collinger, J.L., Foldes, S.T., Weiss, J.M., Downey, J.E., Tyler-Kabara, E.C., Bensmaia, S.J., Schwartz, A.B., Boninger, M.L., Gaunt, R.A., «Intracortical microstimulation of human somatosensory cortex», en *Science Translational Medicine, Vol. 8, Issue 361*, 2016.

Floridi, L. y Sanders, J.W., «On the morality of artificial agents», *Minds and machines*, Volumen 14, Número 3, 2004.

Fuchs, Th., «Ethical issues in neuroscience», en *Curr. Opin. Psychiatry 19*, 2006.

Fuertes, M., «Defensa de derechos y neutralidad de la Red», en AA. VV., *Sociedad Digital y Derecho*, BOE, Madrid, 2018.

Galán, C., «El derecho a la ciberseguridad», en AA.VV., *Sociedad Digital y Derecho*, BOE, Madrid, 2018.

Galindo, F. y Lasala, P., «Metodología para el desarrollo de sistemas jurídicos de Inteligencia Artificial: el prototipo ARPO-2 como ejemplo», *Scire, n.1:2*, 1995.

García López, E., Muñoz, J.M. y Andorno, R., «Neurorights and Mental Freedom: Emerging Challenges to Debates on Human Dignity and Neurotechnologies», en *Frontiers in Human Neurosciencie, vol. 15*, 2021.

García Manrique, R., «La propiedad sobre las partes separadas del cuerpo: un test para el enfoque propietaristas», en *Revista Bioética y Derecho, 40,* 2017.

García Mexía, P., «El derecho de acceso a internet», en AA.VV., *Sociedad Digital y Derecho*, BOE, Madrid, 2018.
Gardner, A., *Artificial Intelligence Approach to Legal Reasoning*, MIT Press, 1987.
Garrido Martín, J., «Inteligencia Artificial y cultura tecnológica. Hacia una técnica fragmentada», en Llano Alonso, F. y Garrido Martín, J., *Inteligencia Artificial y Derecho. El jurista ante los retos de la era* digital, Aranzadi, Pamplona, 2021.
Garriga, A., «El impacto de las TIC en los derechos humanos», en Garriga, A. (coord.), *Fundamentos éticos y jurídicos de las TIC*, Thomson Reuters Aranzadi, Pamplona, 2012.
Garzón Valdés, E., «Sigamos discutiendo sobre el paternalismo», en *Doxa, 5,* 1988.
Gascón Abellán, M., *Los hechos en el Derecho*, Marcial Pons, Madrid, 1999.
González Lagier, D, «Neuropruebas y filosofía», en *Jueces para la Democracia, 84,* 2015.
Gordon, JS., «Artificial moral and legal personhood», en *AI & Society 36,* 2021
Gracia, D., «Mejoramiento humano: ¿de qué estamos hablando?», en AA.VV., *El mejoramiento humano. Avances, Investigaciones y reflexiones éticas y políticas*, Comares, Granada, 2015
Guastini, R., *Estudios sobre la interpretación jurídica*, trad. de M. Gascón y M. Carbonell, UNAM, México, 2001.
Guibet Lafaye, C. y Romañach, J., «Diversity Ethics. An alternative to Peter Singer's ethics», en *Dilemata, n. 3,* 2010.
Habermas, J., *The Future of Human* Nature, Cambridge: Polity Press, Cambridge, 2003. *El futuro de la naturaleza humana. ¿Hacia una eugenesia liberal?,* Paidós, Barcelona, 2010.
Hall, M.C., *The Bioethics of Enhancement: Transhumanism, Disability, and Biopolitics,* London: Lexington Books, London, 2016.
— «Second Thoughts on Enhancement and Disability», *The Oxford Handbook of Philosophy and Disability*, Oxford University Press, 2020.
Harari, Y.H., *Homo Deus. Breve Historia del Mañana*, Penguin Random House Grupo Editorial España, 2016.
Harris, J., *Enchancing Evolution. The Ethical Case for Making Better People*, Princeton University Press, Princeton, 2007.
Hassemer, W., «Neurociencias y culpabilidad en Derecho penal», en *InDret V2.,* 2011.

Henderson, J.R. y Twerski, A., «Closing the American products liability frontier: The Rejection of Liability without Defect», en *New York University Law Review, vol. 66, n. 5*, 1991.

Ienca, M. y Andorno, R., «Hacia nuevos derechos humanos en la era de la neurociencia y neurotecnología», en *Análisis Filosófico, 41 (1)*, mayo 2021. «Towards new human rights in the age of neuroscience and neurotechnology», en *Life Sciences, Society and Policy,* 13:5, 2017.

— «A New Category of Human Rights: Neurorights», 2017. Disponible en http://blogs.biomedcentral.com/bmcblog/2017/04/26/new-category-human-rights-neurorights/ .

Ienca, M., «Tra cervelli e macchine: riflessioni su neurotecnologie e su neurodiritti», en *notizie di Politeia, XXXV, 133*, 2019.

Ienca, M., «On neurorights», en *Frontiers in Human Neurosciencie*, 24 September 2021, https://doi.org/10.3389/fnhum.2021.701258).

Igartua Salaverría, J., *Valoración de la prueba, motivación y control en el proceso penal*, Tirant Lo Blanch, Valencia, 1994.

Illes, J., y Racine, E., «Imaging or imagining? A neuroethics challenge informed by genetics», en *American Journal of Bioethics, n. 5*, 2005.

Innerarity, D., *Una teoría de la democracia compleja*, Galaxia Gutenbreg, Barcelona, 2020.

Jonas, H., *El principio de responsabilidad*, Herder, Barcelona, 1995.

Kahn, P., «The new ontological category hypothesis in human–robot interaction», en *Proceedings of the seventh annual ACM/IEEE international conference on Human–Robot Interaction*, Boston, Massachusetts, 2012.

Kandel, E., «A new intelectual framework for Psychiatry», en *The American Journal of Psychiatry,* 155, 1998.

Kant, I., «Si el género humano se halla en progreso constante hacia mejor» (1797), en *Filosofía de la historia*, FCE, México, 1979.

Khushf, G., «Stage Two Enhancements», en F. Jotterand (ed.), *Emerging Conceptual, Ethical and Policy Issues in Bionanotechnology*, Springer, 2008.

Kidd, B., «Los derechos humanos en el deporte», *Apunts: Educación física y deportes*, n. 78, 2004.

Könneker, C., «La visión materialista de la Neuroética. Entrevista a Wolf Singer y a Thomas Metzinger», en *Mente y Cerebro, n. 4,* 2003.

Kotowicz, Z., «The strange case of Phineas Gage», en *History of the Human Sciences*, february, 2007.

Kurzweil, R., *La era de las máquinas espirituales*, Planeta, Barcelona, 1999.

Laukyte, M., «Dignidad humana y nuevos derechos: el derecho a la Inteligencia Artificial», en Llano Alonso, F.H. y Garrido Martín, J., *Inteligencia Artificial y Derecho. El jurista ante los retos de la era digital,* Aranzadi, Pamplona, 2021.

Lema, C., «Intervenciones biomédicas de mejora, mejoras objetivas y mejoras discriminatorias: ¿De la Eugenia al darwinismo social?» en *Anales de la Catedra Francisco Suarez, 49,* 2015.

Levy, D., «The Ethics of Robot Prostitutes», en Lin, P., Abney, K y Bekey, G.A. (eds.), *Robot Ethics, The Ethical and Social Implications of Robotics*, MIT Press, Cambridge, 2012.

Lin, P., Abney, K. y Bekey, G., «Robot ethics: Mapping the issues for a mechanized world», 2011, disponible en http://digitalcommons.calpoly.edu/cgi/viewcontent.cgi?article=1020&context=phil_fac.

Llano Alonso, F., *Homo Excelsior. Los Límites Ético Jurídicos del Transhumanismo*, Tirant Lo Blanch, 2018.

— «Transhumanismo, vulnerabilidad y dignidad humana», en *Deusto Journal of Human Rights, 4,* 2019.

Loevinger, L., «Jurimetrics--The Next Step Forward», *Minnesota Law Review,* 1949.

Loland, S. y Mcnamee, M., «Fair Play and the Ethos of Sports: An Eclectic Philosophical Framework», en *Journal of the Philosophy of Sport,* 27, 2000.

Loland, S., «Technology in Sport: Three ideal-typical view and their implication» en *European Journal of Sport Science,* 2 (1), 2002.

López Frías, F.J., *La filosofía del deporte actual,* Qua.Pe.G, Roma, 2014.

— *Mejora humana y dopaje. Una propuesta crítica*, Reus, Madrid 2015.

López Rincón, D., «Robots y abogacía», en Barrio, M. (dir.), *Derecho de los Robots*, Wolters Kluwer, Madrid, 2019.

López-Silva, P. y Madrid, R., «Sobre la conveniencia de incluir los neuroderechos en la Constitución o en la Ley», en *Revista Chilena de Derecho y Tecnología, vol. 10, n. 1*, 2021.

MacCormick, N., *Legal Reasoning and Legal Theory*, Clarendon Press, Oxford, 1978.

Marcos del Cano, A., «La bioética y el bioderecho desde los derechos humanos», en Marcos del Cano, A. (coord..), *Bioética y derechos humanos*, UNED, 2012.

— (coord.), *Bioética y derechos humanos*, UNED, 2011.

Maritain, J., *El hombre y el Estado*, trad. de J.M. Palacios, Encuentro, Madrid, 2002,

Martínez García, J.I., *La imaginación jurídica*, Debate, Madrid 1992.

Marzocco, V., «Vita e norte digitali. Il corpo elettronico e la sua tutela giuridica», en Casadei, Th. y Pietropaoli, S., *Diritto e tecnologie informatiche*, Wolters Kluwer, Milán, 2021

McCarthy Jones, S., «The Autonomous Mind: The Right to Freedom of Thought in the Twenty-First Century», *Frontiers in Artificial Intelligence*, 2019.

McCarty, Th., «Reflections on Taxman: An Experiment in Artificial Intelligence and Legal Reasoning», *Harvard Law Review, vol. 9, n. 5,* 1977.

Mehl, L., «Automation in the legal world», Congreso *Mechanisation of Thought Processes,* Teddington, 1958.

Molero-Chamizo, A., Martín Riquel, R., Moriana, J.A., Nitsche, M.A., Rivera-Urbiba, G.N., «Bilateral Prefrontal Cortex Anodal tDCS Effects on Self-reported Aggressiveness in Imprisoned Violent Offenders», en *Neuroscience, Vol. 397*, 15 de enero de 2019.

Mollo, A.A., «La vulnerabilità tecnologica. Neurorights ed esigenze di tutela: profili etici e giuridici», en *European Journal of Privacy Law & Technologies, 1*, 2021.

Monereo Atienza, C., *Desigualdades de género y capacidades humanas*, Comares, Granada, 2010.

Montalvo, F. de., *Bioconstitucionalismo. Una reflexión sobre la edición genómica desde (y para) la teoría del derecho constitucional*, Aranzadi, Pamplona, 2020

Montoliu, L., *Editando genes: recorta, pega y colorea. Las maravillosas herramientas CRISPR*, Next Door Pubishers, Pamplona, 2019

Moravec, H., «Robots, After All», en http://www.frc.ri.cmu.edu/~hpm/project.archive/robot.papers/2003/CACM.2003.html.

— «The age of robots», disponible en http://www.frc.ri.cmu.edu/users/hpm/project.archive/general.articles/1993/Robot93.html.

— *Mind Children: The Furture of Robot and Human Intelligence*, Harvard University Press, Cambridge, 1988.

More, M., «Transhumanism: Towards a Future Philosophy», *Extropy 6*, 1990.

Morente Parra, V., *Nuevos retos biotecnológicos para los derechos fundamentales*, Comares, Granada, 2014.

— «La inteligencia híbrida: ¿Hacia el reconocimiento y garantía de los neuroderechos», en Llano Alonso, F.H. y Garrido Martín, J., *Inteli-*

gencia Artificial y Derecho. El jurista ante los retos de la era digital, Aranzadi, Pamplona, 2021.

Mozorov, E., *La locura del solucionismo tecnológico,* Katz, Madrid, 2015.

Mukundan, C.R., y otros. «Brain Electrical Oscillations Signature Profiling (BEOS) for Measuring the Process of Remembrance». *EC Neurology 8.6*, 2017.

Nieva Fenoll, J., *Inteligencia Artificial y proceso judicial,* Marcial Pons, Madrid, 2018.

Nussbaum, M., «Genética y Justicia: Tratar la enfermedad, respetar la diferencia», trad. de R. Orsi, *Isegoria, n. 27*, 2002

O'Neil, C., *Weapons of Math Destruction. How Big Data Increases Inequality and Threatens Democracy*, Crown Publishers, New York, 2016.

OMS, *Human Genome Editing: Position Paper*, 2021. Disponible en: https://www.who.int/publications/i/item/9789240030404.

Palacios, A., *El modelo social de la discapacidad*, Colección CERMI, Madrid, 2008.

Palazzani, L., «Le tecnologie emergenti: le sfide etiche della tecnoscienza», en *Teoria E Critica Della Regolazione Sociale, 2*(17), 2020.

Palmerini, E., «Robótica y derecho: sugerencias, confluencias, evoluciones en el marco de una investigación europea», en *Revista de Derecho Privado, n. 32,* enero - junio de 2017.

Pardo, S.M., «Lying, Deception and fMRI: A Critical Update», en Donnelly-Lazarov, B. (ed.), *Neurolaw and Responsability for action*, Cambridge University Press, 2018.

Peces-Barba, G., «Sobre el fundamento de los derechos humanos. Un problema de Moral y de Derecho», en Muguerza, J., y otros., *El fundamento de los derechos humanos*, Debate, Madrid, 1989.

— *La dignidad de la persona desde la Filosofía del Derecho*, Dykinson, Madrid, 2003.

— *Lecciones de derechos fundamentales*, Dykinson, Madrid, 2006.

Perez-Luño, A.E., *Cibernética, Informática y Derecho*, Real Colegio de España, Bolonia, 1976.

— *La tercera generación de los derechos humanos*, Thonsom-Aranzadi, Navarra, 2006.

— «Las generaciones de derechos humanos ante el desafío pothumanista», en AA.VV., *Sociedad digital y Derecho,* BOE, Madrid 2018.

Pérez Triviño, J.L., «Deportistas tecnológicamente modificados y los desafíos al deporte», en *Revista de Bioética y Derecho, n. 24*, enero de 2012.

— *The Challenges of Modern Sport to Ethics: From Doping to Cyborgs;* Lexington Books: Lanham, MD, USA; Plymouth, UK, 2013.

Persson, I., «Could it be permissible to prevent the existence of morally enhanced people?», *The Journal of Medicine & Philosophy, vol. 38*, 2012.

Peters, T., «H-: Transhumanism and the Posthuman Future: Will Technological Progress Get Us There?», Disponible en http://www.metanexus.net/essay/h-transhumanism-and-posthuman-future-will-technological-progress-get-us-there.

Piketty, Th., *Capital e ideología*, trad. de D. Fuentes, Deusto, Barcelona, 2019.

Piñar Mañas, J.L., «Identidad y personas en la sociedad digital», en AA.VV., *Sociedad digital y Derecho*, BOE, Madrid, 2018.

Pirosa, R., «I dilemmi della tecnoregolazione: uno sguardo critico», en en Casadei, Th. y Pietropaoli, S., *Diritto e Tecnologie Informatiche*, Wolters Kluwer, Milan, 2021.

Pizzetti, F.G., «A proposal for a: «Universal Declaration on Neuroscience and Human Rights», en *Bioethical Voices, June 2017, Year 3, Issue 10.*

Pogge, Th., *La pobreza en el mundo y los derechos humanos,* trad. de E. Weikert, Paidos, Barcelona, 2005.

Popper, K., *El universo abierto,* trad. de M. Sansigre, Tecnos, Madrid, 1986.

Prieto, L., *Estudios sobre derechos fundamentales*, Debate, Madrid, 1990.

Quadra-Salcedo, T., «Retos, riesgos y oportunidades de la sociedad digital», en AA.VV., *Sociedad Digital y Derecho*, BOE, Madrid 2018.

Ramiro Avilés, M.A., «A vueltas con el paternalismo jurídico», en *Derechos y libertades, n. 15*, 2006.

Raso, F.A., Hilligoss, H., Krishnamurthy, V., Bavitz, CH., Kim, L., *Artificial Intelligence & Human Rights: Opportunities & Risks*, The Berkman Klein Center for Internet & Society. Universidad de Harvard septiembre de 2018.

Rebollo Delgado, L. y Zapatero Martín, P., *Derechos Digitales*, UNED-Dykinson, 2019.

Reche Tello, N., «Nuevos derechos frente a la neurotecnología: la experiencia chilena», en *Revista de Derecho Político, n. 112*, 2021.

Regalado, A., «Facebook is ditching plans to make an interface that reads the brain», *MIT Technology Review*, julio de 2021.

Reichenbach, H., *Experience and Prediction*, University of Chicago Press, Chicago, 1938.

Revenga, M.,«El derecho a la intimidad: un derecho en demolición (y necesitado de reconstrucción)», *El derecho a la privacidad en un nuevo entorno tecnológico*. XX Jornadas de la Asociación de Letrados del Tribunal Constitucional, Centro de Estudios Políticos y Constitucionales, Madrid, 2016.

Rey Pérez, J.J., *Los derechos de los animales en serio*, Dykinson, Madrid, 2018

Riechmann, J. y Tickner, J., (coords.), *El principio de precaución*, Icaria, Barcelona, 2002.

Rifkin, *Algeny: A New Word-A New World*, Penguin, New York 1983.

Rissland, E.L.; Ashley, K.D.; Loui, R.P.,«AI and Law: A fruitful synergy», en *Artificial Intelligence, 150*, 2003

Rivero Weber, P., *El desafío de la bioética*, Fondo de Cultura Económica, México, 2009.

RoboLaw, *Guidelines on Regulating Robotics*, disponible en http://www.robolaw.eu.

Rodríguez Delgado, J. M., *Physical Control of the Mind: Toward a Psychocivilized Society*, Harper & Row, Scranton, 1971.

Romañach, J., *Bioética al otro lado del espejo*, Diversitas, Santiago de Compostela, 2009.

Rosen, D.M., *Dope: A History of Performance Enhancement in Sports from Nineteenth Century to Today,* Praeger Publishers, Wetsport, 2008.

Roskies, A., «Neuroethics for the New Millenium», *Neuron, 35,* 2002.

Rousseau, J.J., *Emilio o De la Educación*, Alianza Editorial, Madrid, 2011.

Ruffini, G. y otros., «Conscious brain-to-brain communication in humans using non-invasive technologies», 2014. Disponible en: https://journals.plos.org/plosone/article?id=10.1371/journal.pone.0105225&xid=25657,15700023,15700186,15700191,15700256,15700259,15700262,15700265)

Ruiz Martínez-Cañavate, M., «Neurociencia, derecho y derechos humanos», en *Revista de Derecho UNED, n. 17*, 2015.

Russell, S. y Norvig, P., *Inteligencia Artificial: un enfoque moderno*, Pearson Educación, Madrid, 2004.

Taruffo, M., «Judicial Decisión and Artificial Intelligence», en *Artificial Intelligence and Law, 6*, 1998.

Turing, A.M., «Computing Machinary and Intelligence», en *Mind 49*, 1950.

Safire, W., «Visions for a New Field of «Neuroethics», en Marcus, S. J. (ed.), *Neuroethics. Mapping the Field*, The Dana Press, New York, 2002.

Salardi, S., *Lo sport come diritto umano nell'era del post-humano*, Giapichelli, Torino, 2019.

Sánchez Ron, J.M., *El siglo de la ciencia*, Taurus, Madrid, 2000

Sandel, M., *Contra la perfección*, Marbot, Madrid, 2016.

Savulescu, J., «Procreative Beneficence: Why We Should Select the Best Children», *Bioethics 15*, 2002.

— ¿Decisiones peligrosas?: Una bioética desafiante, Tecnos, Madrid, 2012.

Schaerer, e., Kelley, R., y Nicolescu, M., «Robots as Animals: A Framework for Liability and Responsibility in Human-Robot Interactions», *18th IEE International Symposium on Robot and Human Interac- tive Communication,* Toyoma, Japón, 2009. Disponible en: http://ieeexplore.ieee.org/document/5326244/.

Schleim, S., «Neurorights in History: A Contemporary Review of José M. R. Delgado's «Physical Control of the Mind» (1969) and Elliot S. Valenstein's «Brain Control» (1973)», en *Frontiers in Human Neurosciencie, 27,* 2021.

Searle, J., *Minds, Brains and Science*, Harvard University Press, Cambridge, 1984.

— *The Rediscovery of the Mind*, MIT Press, Cambridge, 1992.

Sententia, W., «Neuroethical considerations: cognitive liberty and converging technologies for improving human cognition», en *Annals of the New York Academy of Science*, 1013, 2004.

Serra, M.L., *Mujeres con discapacidad: sobre la discriminación y opresión interseccional*, Dykinson, Madrid, 2017.

Silvers, L., *Vuelta al edén. Más allá de la clonación en un mundo feliz*, Taurus, Madrid, 1998

Singer, P., «De compras por el supermercado genético», trad. de J. Seoane, *Isegoría n.* 27, 2002.

Solar Cayón, J.I., *La Inteligencia Artificial Jurídica. El impacto de la innovación tecnológica en la práctica del Derecho y el mercado de servicios jurídicos*, Aranzadi, Pamplona, 2019.

Sommaggio, P, Mazzocca, M., Gerola, A. y Ferro, F., «Cognitive liberty. A first step towards a human neuro-rights declaration», *BioLaw Journal-Rivista di BioDiritto, n. 3,* 2017.

Sommaggio, P. y Mazzocca, M., «Cognitive Liberty and Human Rights,» en *Neuroscience and Law*, D'Aloia, A. y Errigo, M., Springer, Cham, 2020.

Sullins, J., «Artificial Moral Agency in Technoethics», en Luppicini, J.R. y Adell, R., (eds.), *Handbook of research on technoethics,* IGI Global, New York, 2009.

— «Introduction: Open Questions in Roboethics», en *Philosophy & Technology, vol. 24,* 2011.

— «When Is a Robot a Moral Agent?», en *IRIE, International Review of Information Ethics, vol. 6,* 12/2006

Sullivan, C., *Digital Identity: An Emergent Legal Concept The role and legal nature of digital identity in commercial transactions*, University of Adelaide Press, 2011.

Susskind, R., *The End of Lawyers?: Rethinking the nature of legal services,* Oxford University Press, 2010.

— *Tomorrow´s Lawyers: An Introduction to Your Future*, Oxford University Press, 2013.

— *Expert Systems in Law,* Oxford University Press, Oxford, 1989.

Swanson, R., y Massengale, J. (eds)., *The history of exercise and sport science,* Human Kinetics, Champaign (IL), 1997.

Taruffo, M., «Proceso y Neurociencia: aspectos generales», en Taruffo, M. y Nieva, J. (dirs.), *Neurociencia y proceso judicial*, Marcial Pons, Madrid, 2013.

Taylor, J. Sherrod; Harp, J. Anderson; Elliott, Tyron, «Neuropsychologists and neurolawyers», en *Neuropsychology, Vol 5(4),* octubre de 1991.

Valenciano, M., *Buen deportista, mejor persona: ética y deporte*, Proteus, Barcelona, 2010.

Valenstein, E.S., *Brain Control: A Critical Examination of Brain Stimulation and Psychosurgery,* John Wiley Sons, New York, 1973.

Van Inwagen, P., *An Essay on Free Will,* Clarendon Press, Oxford, 1983.

Velasquez-Manoff, Moises, «Los lectores de la mente», *The New York Times*, 2020 Disponible en: https://www.nytimes.com/es/2020/08/29/espanol/opinion/inteligencia-artificial-mente.html

Vera Sánchez, J.S., «La discrecionalidad judicial en dos enfoques reglados de la valoración de la prueba penal», *Revista Jurídica de la Universidad Autónoma de Madrid, 30*, 2014-II.

Veruggio, G. y Operto, F., «Roboethics: a Bottom-up Interdisciplinary Discourse in the Field of Applied Ethics in Robotics», en *IRIE, International Review of Information Ethics, vol. 6* (12/2006).

Villamarín López, M., *Neurociencia y detección de la verdad y del engaño en el proceso penal. El uso del escáner cerebral (FMRI) y del brainfingerprinting (P300)*, Marcial Pons, Madrid, 2014.

Wallach, W., «From Robots to Techno Sapiens: Ethics, Law and Public Policy in the Developments of Robotics and Neurotechnologies, en *Law, Innovation and Technology, 3(2),* 2011.

Weiss, P., Sport: *A Philosophical Inquiry,* Southern Illinois University Press, 1969.

Wiener, N., *Cibernética*, Guadiana, Madrid, 1971.

Willett, F.R., Avansino, D.T., Hochberg, L.R. et al. «High-performance brain-to-text communication via handwriting», en *Nature 593*, 2021.

Yuste, R., Goering, S., Bi, G., Carmena, J. M., Carter, A., Fins, J. J., y otros. «Four ethical priorities for neurotechnologies and AI», en *Nature,* vol. 551, 2017.

Yuste, R., Goering, S. y otros, «Recommendations for Responsible Development and Application of Neurotechnologies», en *Neuroethics,* abril de 2021.

Yuste, R., Genser, J., y Herrmann, S., «It's Time for Neuro-Rights», en *Horizons*, Center for International Relations and Sustainable Development, 2021.

Zuiderveen Borgesius, F., «Algorithmic decision-making, price discrimination, and European non-discrimination law», disponible en https://papers.ssrn.com/sol3/papers.cfm?abstract_id=3413556.

Zurita Martín, I.M., *La responsabilidad civil por los daños causados por los robots inteligentes como productos* defectuosos, Reus, Madrid, 2020.

ÍNDICE DE AUTORES

ÍNDICE ANALÍTICO

COLECCIÓN DERECHOS HUMANOS Y FILOSOFÍA DEL DERECHO

Lecciones de derechos fundamentales
Gregorio Peces-Barba Martínez
2005, 368 págs.

Principios del derecho y razonamiento jurídico
Juan Manuel Rodríguez Calero
2005, 160 págs.

La teoría social de A. Giddens. Una lectura crítica desde la teoría jurídica
Roger Campione
2005, 236 págs.

Derechos fundamentales, valores y multiculturalismo
F. J. Ansuátegui, J. A. López, A. del Real, R. Ruiz (eds.)
2005, 272 págs.

El juez y la motivación en el derecho
Rafael de Asís
2005, 168 págs.

Hermenéutica, argumentación y justicia en Paul Ricoeur
Teresa Picontó Novales
2005, 356 págs.

Pluralismo cultural y derechos de las minorías
Óscar Pérez de la Fuente
2005, 624 págs.

La tradición republicana
Ramón Ruiz Ruiz
2006, 446 págs.

La fundamentación de los derechos de los niños. Modelos de reconocimiento protección
Ignacio Campoy Cervera
2006, 1.052 págs.

Metodología jurídica irreverente
Enrique Pedro Haba
2006, 440 págs.

El fundamento de los límites al poder en la teoría del derecho de Léon Duguit
I. Ara Pinilla
2006, 448 págs.

Derechos fundamentales y protección de datos genéticos
Susana Álvarez González
2007, 536 págs.

Estado de derecho, derechos humanos y democracia
Gílmer Alarcón Requejo
2007, 577 págs.

El materialismo jurídico. La presunta teoría del derecho de Marvin Harris
Benjamín Rivaya García
2007, 278 págs.

El derecho al trabajo y el ingreso básico. ¿Cómo garantizar el derecho al trabajo?
José Luis Rey Pérez
2007, 534 págs.

Nacionalismo e identidades colectivas: la disputa de los intelectuales (1762-1936)
J. Alberto Del Real Alcalá,
2007, 456 págs.

La Ley desmedida. Estudios de legislación, seguridad y jurisdicción
L. Martínez Roldán, J. A. / Fernández Suárez, L. / Suárez Llanos
2007, 342 págs.

La filosofía del derecho de Ernesto Garzón Valdés
Miguel Álvarez Ortega
2008, 488 págs.

John Stuart Mill y la democracia del siglo XXI
Josefa Dolores Ruiz Resa (ed.)
2008, 300 págs.

El sistema jurídico como sistema normativo mixto. La importancia de los contenidos materiales en la validez jurídica
Patricia Cuenca Gómez
2008, 615 págs.

La igualdad en los derechos, clave de la integración
Javier de Lucas Martín y Ángeles Solanes Correlia (coord.)
2009, 542 págs.

La construcción coherente del Derecho
Mario Ruiz Sanz
2009, 332 págs.

La igualdad en el contenido y en la aplicación de la ley
M.ª Isabel Garrido Gómez
2009, 346 págs.

John Rawls. Sobre (des)igualdad y justicia
Silvina Ribotta
2009, 364 págs.

Salud, Justicia, Derechos El derecho a la salud como derecho social
Carlos Lema Añón
2009, 296 págs.

¿Qué igualdad? El principio de igualdad formal y no discriminación por razón de sexo en el ordenamiento jurídico español
Rosa María Ricoy Casas
2010, 708 págs.

La dignidad humana. Sus orígenes en el pensamiento clásico
Antonio Pele
2010, 752 págs.

La nueva generación de Derechos Humanos. Origen y justificación
María Eugenia Rodríguez Palop
2010, 612 págs.

Entre la moral, la política y el Derecho. El pensamiento filosófico y jurídico de Gregorio Peces-Barba
Reynaldo Bustamante Alarcón
2010, 720 págs.

Diez lecciones sobre ética, poder y derecho
Gregorio Peces-Barba Martínez
2010, 434 págs.

El Estado en Ortega y Gasset
Fernando H. Llano Alonso
2010, 224 págs.

Thomas Hobbes y la Filosofía Política Contemporánea: Un análisis desde las perspectivas de Carl Schmitt, Leo Strauss y Norberto Bobbio
Gregorio Saravia
2010, 600 págs.

Familias transnacionales, sociedades multiculturales e Integración: España, Italia y Portugal en perspectiva comparada
Encarnación La Spina
2010, 576 págs.

Jueces y leyes, entre el absolutismo y la codificación
Alberto Iglesias Garzón
2011, 278 págs.

Reconocimiento y protección de Derechos Emergentes en el Sistema Europeo de Derechos Humanos
Jaume Saura Estapà
2012, 396 págs.

Rudolf von Jhering y el paradigma positivista. Fundamentos ideológicos y filosóficos de su pensamiento jurídico
Luis M. Lloredo Alix
2012, 604 págs.

Democracia con motivos
Roberto M. Jiménez Cano
2013, 216 págs.

Las víctimas del terrorismo en España
José Manuel Rodríguez Uribes
2013, 363 págs.

El derecho y el poder. Realismo crítico y filosofía del derecho
Elías Díaz
2013, 220 págs.

El derecho a la vivienda
M.ª José González Ordovás
2013, 240 págs.

Sobre discapacidad y derechos
Rafael de Asís
2013, 158 págs.

Reconstruir la ciudadanía
Virginia Guichot Reina
2013, 384 págs.

Razón y voluntad en el estado de derecho. Un enfoque filosófico-jurídico
Francisco Javier Ansuátegui Roig
2013, 392 págs.

La difuminación institucional del objetivo del derecho a la educación
Ignacio Ara Pinilla
2013, 360 págs.

Nacidos para salvar. Un estudio ético-jurídico del «bebé medicamento»
Fernando Pinto Palacios
2017, 370 págs.

Mujeres con discapacidad: sobre la discriminación y opresión interseccional
María Laura Serra
2017, 526 págs.

El derecho a una asistencia sanitaria para todos: una visión integral
Ana M.ª Marcos del Cano (dir.)
2017, 456 págs.

En defensa del estado de derecho. Debilidades y fortalezas del estado de derecho a propósito de las críticas de Carl Schmitt
Ignacio Campoy Cervera
2017, 231 págs.

La idea de persona y dignidad humana
Reynaldo Bustamante Alarcón
2018, 334 págs.

Los derechos de los animales en serio
José Luis Rey Pérez
2019, 240 págs.

Filosofía de la vulnerabilidad
Gianfrancesco Zanetti
2020, 226 págs.

Teorías de la mediación y derechos fundamentales
M.ª Dolores Pérez Jaraba
2020, 555 págs.

Los Determinantes Sociales de la Salud: más allá del Derecho a la Salud
Carlos Lema Añón (ed.)
2021, 488 págs.

Derechos y tecnologías
Rafael de Asís
2022, 230 págs.

GRACIAS POR CONFIAR EN NUESTRAS PUBLICACIONES

Al comprar este libro le damos la posibilidad de consultar gratuitamente la versión ebook.

Cómo acceder al ebook:

- **Entre en nuestra página web,** sección Acceso ebook (www.dykinson.com/acceso_ebook)
- **Rellene el formulario** que encontrará insertando el código de acceso que le facilitamos a continuación así como los datos con los que quiere consultar el libro en el futuro (correo electrónico y contraseña de acceso).
- Si ya es **cliente registrado**, deberá introducir su **correo electrónico y contraseña habitual**.
- Una vez registrado, **acceda a la sección Mis e-books de su cuenta de cliente**, donde encontrará la versión electrónica de esta obra ya desbloqueada para su uso.
- Para consultar el libro en el futuro, ya sólo es necesario que se identifique en nuestra web con su correo electrónico y su contraseña, y que se dirija a la sección Mis ebooks de su cuenta de cliente.

CÓDIGO DE ACCESO

DYK044550

Rasque para ver el código

ota importante: Sólo está permitido el uso individual y privado de este código de aceso. Está prohibida la puesta a disposición de esta obra a una comunidad de usuarios.